住宅リフォーム・トラブルの法律知識

いま業者として
何をすべきか！

著 | 弁護士 犬塚　　浩
　 | 弁護士 岩島　秀樹
　 | 弁護士 竹下　慎一

大成出版社

はしがき

　わが国の住宅ストック数はすでに世帯数を超えており，スクラップ・アンド・ビルドの時代は終わったと言われています。

　そして，現在のストックの活用こそが今後の重大な課題であり，中古住宅（既存住宅）の流通を活性化させることで，リフォームの需要を喚起して，そのうえで，従来と変わらない住環境を維持できる，すなわち消費者が安心して適切なリフォームができる市場環境を構築していく必要があります。

　リフォームに関しては，工事業者が必ずしも建設業の免許を取得する必要がないことから，モラルの低い悪徳業者のマーケット参入が問題視されてきました。

　また実際に，悪徳リフォーム詐欺事件等に象徴されるような消費者に甚大な被害を与える事件も発生しています。

　そのような実態も踏まえて，消費者契約法の制定（平成12年5月12日），特定商取引法の各種改正（昭和59，63，平成8，11，12，14，16，20年）が行われ，工事業者に対する法規制もより厳しいものとなりました。

　もちろん，リフォームに携わるほとんどの工事業者は，高い向上心と強いプロ意識を持って業務を遂行していると思われますが，法規制が強化された現在の状況においては，とくに法令遵守についてはこれまで以上に十分な配慮が必要とされています。

　また，インターネットの普及等により法令や契約に関連する情報を容易に入手できるようになると，一般消費者が工事業者に対し工事の内容のみならず法令や契約の解釈についても積極的に質問をするようになり，工事業者としてもこれに対して迅速かつ的確に回答することが必要となりました。さらに発注者の中には，消費者としての権利を超えてク

レーマー化しているケースもあるでしょう。その場合には，工事業者としても毅然とした対応をしなければなりません。

　リフォームに関する特定商取引法等の説明をした従来の文献は，それらの法令の目的が消費者保護にあることから，消費者の立場にたって説明するものが大部分でした。

　これに対して，本書は工事業者の立場にたって遵守すべき事項をまとめたものです。

　「工事業者の立場にたつ」と言っても，本来工事業者が遵守すべき事項をまとめたものであって，決して工事業者にとってのノウハウ本を書いたものではありません。

　高い向上心と強い遵法精神を持った工事業者を対象に，ともすればわかりにくい法律の内容をかみ砕いて中立的な立場から説明しています。

　また，法律の内容だけでなく，過去の判例を参考にして工事業者として学ぶべき教訓をまとめてみました。建築現場での考え方と裁判所の考え方には大きな隔たりがあるところもありますので，その点は注意して読んでください。

　高齢化によるリフォーム事業の増大，エコポイント等政策的な優遇措置の実施等により今後のリフォーム事業が大幅に増大することは明らかです。

　本書を読まれた工事業者の皆様がコンプライアンスを徹底した優良企業としてより発展されることを心から願っております。

　平成23年4月

弁護士　犬塚　浩

目　次

第1章　リフォームに関する法律的な問題点

1 はじめに　2
 1．リフォーム特有のトラブル　2
  (1)　提供される情報の不足　2
  (2)　悪徳業者の横行　2
  (3)　契約（工事）内容の不明確さ　2
 2．業者として何を注意すべきか　3
  (1)　悪徳業者との差別化　3
  (2)　契約内容の明確化　3

2 リフォームの定義……………………………………… 5
 〔コラム〕リフォームとリノベーション　9

3 建築基準法上の問題点………………………………… 10
 1．建築確認申請　10
  (1)　確認申請が必要な建築物・建築　10
  (2)　確認申請が不要な建築物・建築　11
 2．建築士による設計または工事監理　11
  (1)　建築士による独占業務　11
  (2)　建築士でなくても設計および工事監理できるリフォーム　13
 3．既存不適格建築物　13
  (1)　既存不適格建築物とは　13
  (2)　既存不適格建築物に関する規制の合理化　13
 4．防火規制　15
  (1)　地域規制　15
  (2)　大規模建築物・特殊建築物の防火規制　17

I

(3)　防火区画・防火壁　　　　　　　　　　　　18
　　(4)　内装制限　　　　　　　　　　　　　　　　19
　　(5)　無窓の居室　　　　　　　　　　　　　　　23
　　(6)　リフォームにおける注意点　　　　　　　　26
　5.建ぺい率・容積率　　　　　　　　　　　　　　28
　　(1)　建ぺい率　　　　　　　　　　　　　　　　28
　　(2)　リフォームにおける注意点　　　　　　　　30
　6.高さ制限　　　　　　　　　　　　　　　　　　30
　　(1)　高さ制限の概要　　　　　　　　　　　　　30
　　(2)　リフォームにおける注意点　　　　　　　　36
　7.シックハウス対策に係る規制　　　　　　　　　36
　　(1)　建築基準法によるシックハウス対策　　　　36
　　(2)　建築基準法における規制の概要　　　　　　37
　〔コラム〕建築基準法はリフォーム工事も対象？　39

4 建設業法上の問題点……………………………… 41
　1.建設業法の概要　　　　　　　　　　　　　　　41
　2.建設業の許可　　　　　　　　　　　　　　　　41
　　(1)　建設業の許可の種類（法3条1項）　　　　41
　　(2)　建設業の許可の要否　　　　　　　　　　　42
　3.下請業者との関係　　　　　　　　　　　　　　44
　　(1)　下請契約　　　　　　　　　　　　　　　　44
　　(2)　下請負人の意見の聴取　　　　　　　　　　45
　　(3)　下請代金の支払い　　　　　　　　　　　　45

5 区分所有法上の問題点…………………………… 47
　1.マンションに関する規制について　　　　　　　47
　2.リフォームできる範囲　　　　　　　　　　　　47
　　(1)　区分所有者からリフォーム工事の依頼を受ける場合　47
　　(2)　専有部分と共用部分　　　　　　　　　　　48

(3)　共用部分の緊急的な補修工事　　　　　　　　50
　(4)　まとめ　　　　　　　　　　　　　　　　　　51
3．リフォーム工事の手続き　　　　　　　　　　　　54
4．マンションリフォームに関する紛争の具体例（判例）　54

> No.1　ベランダの温室化
> 　　　（最判昭和50年4月10日　判時779号62頁）　　54
> No.2　バルコニーへのBSアンテナの設置
> 　　　（東京地判平成3年12月26日　判タ789号179頁）
> 　　　　　　　　　　　　　　　　　　　　　　　56
> No.3　外壁の開口
> 　　　（東京地判平成3年3月8日　判時1402号55頁）
> 　　　　　　　　　　　　　　　　　　　　　　　57

　〔コラム〕リフォーム前の挨拶で近隣トラブルを防ぐ！　59

第2章　契約段階

1 特定商取引法による規制……………………………　62

1．訪問時の注意事項　　　　　　　　　　　　　　　　62
　(1)　特定商取引法上の義務　　　　　　　　　　　　62
　(2)　事例研究（判例）　　　　　　　　　　　　　　63

> 政党のビラをマンションの各住戸に配布するために玄関ホールから入った行為について住居侵入罪が成立するとしたもの
> 　　（最判平成21年11月30日　最高裁HPより）　　63

2．勧誘時の注意事項　　　　　　　　　　　　　　　　64
　(1)　拒絶者に対する勧誘継続・再勧誘の禁止（法3条の2

　　　　第2項) 64
　　(2) 勧誘に際して禁止される行為 66
　3. 契約時の注意事項 69
　　(1) クーリング・オフ（法9条） 69
　　(2) 事例研究（判例） 74

> No.1 「契約解除に関する事項」の記載漏れがあったことから、工事完成後でもクーリング・オフを認めたもの
> 　　（東京地判平成6年9月2日　判時1535号9頁） 74
> No.2 高齢者との契約において契約書などが法定書面に該当しないと判断されたもの
> 　　（東京地判平成7年8月31日　判タ911号214頁） 75
> No.3 「一式」という金額の記載の仕方では法定書面に該当しないとされたもの
> 　　（東京地判平成5年8月30日　判タ844号252頁） 77

　　(3) 実務上の対応（判例） 78
2 割賦販売法上の注意……………………………………… 79
　1. 平成20年改正の背景と内容 79
　　(1) 改正の背景 79
　　(2) 改正の概要 79
　　(3) その他 81
　2. 特定商取引法との関係 81
　　(1) クーリング・オフ連動 81
　　(2) 過量販売にかかわる解除制度 82
　　(3) 抗弁接続 82
3 過量販売の撤回・解除権（法9条の2）……………… 84
　　(1) 要件 84
　　(2) 適用除外 85

- (3) 過量とは　　　　　　　　　　　　　　85
- (4) 効果　　　　　　　　　　　　　　　　86
- (5) 行使期間　　　　　　　　　　　　　　86

④ 特定商取引法におけるその他の規定……………………… 87
- (1) 主務大臣（経済産業大臣）による監督等　　87
- (2) 契約解除に伴う損害賠償額等の制限（法10条）　87
- (3) 罰則の強化　　　　　　　　　　　　　87
- (4) 迷惑メール規制（法12条の3）　　　　88
- (5) 消費者団体訴訟制度の特定商取引法（および景品表示法）への適用（消費者契約法等の一部改正に伴う改正）　88
- (6) 訪問販売協会の規制強化に関する規定　　89
- (7) 個別クレジットとの関係　　　　　　　89

⑤ その他の留意事項……………………………………………… 90
- 1．リフォーム瑕疵保険・保証　　　　　　　90
  - (1) リフォーム瑕疵保険とリフォーム工事に付される保証　　90
  - (2) リフォーム瑕疵保険の概要　　　　　　92
- 2．消費者支援制度　　　　　　　　　　　94
  - (1) 「住まいるダイヤル」のリフォーム見積相談と電話相談　　94
  - (2) 無料専門家相談制度（面談）　　　　　96
- 〔コラム〕悪質リフォーム事業者と呼ばれないために！　97

第3章　工事中の注意

① 施主との関係について……………………………………… 100
- 1．設計変更に関するもの　　　　　　　　100
  - (1) 基本的な考え方　　　　　　　　　　100
  - (2) 事例研究（判例）　　　　　　　　　100

(3)　実務上の対応　　　　　　　　　　　　　　　　102
　2．追加工事に関するもの　　　　　　　　　　　　　　102
　　　(1)　基本的な考え方　　　　　　　　　　　　　　　102
　　　(2)　事例研究（判例）　　　　　　　　　　　　　　102

> 追加工事について見積書を渡して了解を得て工事をした場合に、とくに異議が述べられていないこと等を考慮して追加工事の存在を認めたもの
> 　（東京地判平成14年9月18日　判例集未掲載）
> 　　　　　　　　　　　　　　　　　　　　　　　　102

　　　(3)　実務上の対応　　　　　　　　　　　　　　　　104
② 周辺との関係……………………………………………… 105
　1．騒音・振動　　　　　　　　　　　　　　　　　　　　105
　　　(1)　基本的な考え方　　　　　　　　　　　　　　　105
　　　(2)　事例研究（判例）　　　　　　　　　　　　　　105

> No.1　リフォーム工事の騒音に関して一部損害賠償請求を認めたもの
> 　（東京地判平成9年10月15日　判タ982号229頁）
> 　　　　　　　　　　　　　　　　　　　　　　　　105
> No.2　新築工事の際の周辺住民との合意に反したとして業者に対する慰謝料支払義務が認められたもの
> 　（大阪高判平成12年10月12日　判タ1086号226頁）
> 　　　　　　　　　　　　　　　　　　　　　　　　106
> No.3　リフォーム工事における養生が不十分であったがために損害賠償義務を認めたもの
> 　（大阪高判平成3年9月26日　判タ787号226頁）
> 　　　　　　　　　　　　　　　　　　　　　　　　107

　　　(3)　実務上の対応　　　　　　　　　　　　　　　　108

2. 漏水　　　　　　　　　　　　　　　　　　　　　109
　(1) 基本的な考え方　　　　　　　　　　　　　　105
　(2) 事例研究（判例）　　　　　　　　　　　　　105

　　リフォーム工事によって発生した漏水事故について、255万
　　円の賠償義務を工事業者に対して認めたもの
　　　（東京地判平成5年4月26日　判時1483号74頁）　109

　(3) 実務上の対応　　　　　　　　　　　　　　　110
3. 火災　　　　　　　　　　　　　　　　　　　　　110
　(1) 基本的な考え方　　　　　　　　　　　　　　110
　(2) 事例研究（判例）　　　　　　　　　　　　　111

　　解体工事で発生した火災について工事業者の責任を認めると
　　ともに、工事に携わる者に高い注意義務を認めたもの
　　　（横浜地判平成12年1月12日）　　　　　　　111

　(3) 実務上の対応　　　　　　　　　　　　　　　112
4. 増改築　　　　　　　　　　　　　　　　　　　　112
　(1) 基本的な考え方　　　　　　　　　　　　　　112
　(2) 事例研究（判例）　　　　　　　　　　　　　113

　　リフォーム工事が増改築禁止特約違反であると賃貸人から主
　　張されたものもの
　　　（東京地判平成6年12月16日　判時1554号69頁）　113

　(3) 実務上の対応　　　　　　　　　　　　　　　113
〔コラム〕漏水被害についての賠償金の目安は？　　　114

3 注文者の誤った指示について………………………116
　(1) 基本的な考え方　　　　　　　　　　　　　　116
　(2) 事例研究（判例）　　　　　　　　　　　　　116

> No.1　瑕疵の原因が設計事務所の指示にあったことを前提としつつも請負人の責任を免除しなかったもの（その1）
> 　　（京都地判平成4年12月4日　判時1476号142頁）
> 　　　　　　　　　　　　　　　　　　　　　116
> No.2　瑕疵の原因が設計事務所の指示にあったことを前提としつつも請負人の責任を免除しなかったもの（その2）
> 　　（東京地判平成3年6月14日　判時1413号78頁）
> 　　　　　　　　　　　　　　　　　　　　　118

　（3）　実務上の対応　　　　　　　　　　　　　119
4 廃棄物の不法投棄………………………………………… 121
　（1）　基本的な考え方　　　　　　　　　　　　121
　（2）　事例研究（判例）　　　　　　　　　　　121

> No.1　不法投棄の定義（みだりに捨てる）についての最高裁の判断が初めてなされたもの
> 　　（最判平成18年2月20日　判時1926号155頁）　121
> No.2　村からの一般廃棄物の処理、運搬、処分が行われていないとしても、排出者は自らの責任において処理をしなければならないとしたもの
> 　　（福島地判会津若松支部平成16年2月2日　判時1860号157頁）
> 　　　　　　　　　　　　　　　　　　　　　123

　（3）　実務上の対応　　　　　　　　　　　　　125
　〔コラム〕新しいリフォーム業者像　　　　　　127

第4章　工事完了時の注意

1 請負代金債権と損害賠償債権の関係……………………… 130
(1) 基本的な考え方　　130
(2) 事例研究（判例）　　130

> No.1　注文者から請負代金請求権を損害賠償請求権をもって相殺したもの（上記❶のケース）
> 　　　（最判平成9年7月15日　判夕952号188頁）　　130
> No.2　工事業者の請負代金請求に対して発注者が損害賠償請求権をもって同時履行の抗弁権を主張したもの（上記❷のケース）
> 　　　（最判平成9年2月14日　判夕936号196頁）　　131
> No.3　上記❷の場合に、施工業者が相殺を主張したもの
> 　　　（東京高判平成16年6月3日　金融・商事判例1195号22頁）　　132

(3) 実務上の対応　　134

2 工事の遅延…………………………………………………… 135
1. 工事完了時の遅延による損害賠償　　135
(1) 工事を遅延した請負人の立場　　135
(2) 遅延による損害賠償請求権の法的性質　　135
(3) 損害賠償の範囲　　136
(4) 具体的費目　　138
2. 各種約款　　139
(1) 基本的な考え方　　139
(2) 一般社団法人住宅リフォーム推進協議会の住宅リフォーム工事請負契約約款　　140
(3) 民間（旧四会）連合協定の工事請負契約約款　　141

(4)　日弁連の住宅建築工事請負契約約款　　　　　　142
　　(5)　中央建設業審議会（中建審）の民間建設工事標準請負契
　　　　約約款（乙）　　　　　　　　　　　　　　　　　143
　　〔コラム〕裁判では書面が非常に重要な証拠となります　145

第5章　工事完了後の注意

① 請負契約における請負人の瑕疵担保責任……………148
　1．請負契約における請負人の瑕疵担保責任　　　　　148
　　(1)　リフォームにおける請負人の瑕疵担保責任　　148
　　(2)　瑕疵の意味　　　　　　　　　　　　　　　　148
　　(3)　瑕疵の判断方法　　　　　　　　　　　　　　150
　2．修補請求，損害賠償請求および解除　　　　　　　151
　　(1)　修補請求（民法634条1項）　　　　　　　　151
　　(2)　損害賠償請求（民法634条2項）　　　　　　153
　　(3)　解除（民法635条）　　　　　　　　　　　　159
　3．請負人が注文者に対して瑕疵担保責任を負う期間　161
　　(1)　期間　　　　　　　　　　　　　　　　　　　161
　　(2)　期間の法的性質　　　　　　　　　　　　　　162
　　(3)　期間内に瑕疵担保責任を行使した場合の解除権との関係
　　　　　　　　　　　　　　　　　　　　　　　　　162

② シックハウス……………………………………………164
　　(1)　基本的な考え方　　　　　　　　　　　　　　164
　　(2)　事例研究（判例）　　　　　　　　　　　　　164

　　　ホルムアルデヒドが行政レベルが推奨する数値を超えていた
　　　ことから、売主の瑕疵担保責任に基づく契約の解除を認めた
　　　もの
　　　　（東京地判平成17年12月5日　判時1914号107頁）　164

(3) 実務上の対応　　　　　　　　　　　168
　〔コラム〕シックハウス対策は万全に！　　169

参考資料

■住宅リフォーム工事標準契約書式（小規模工事用）
　〔一般社団法人住宅リフォーム推進協議会〕……………………… 171

参考文献 …………………………………………………… 194

判例索引 …………………………………………………… 197

事項索引 …………………………………………………… 199

■第1章■
リフォームに関する法律的な問題点

1 はじめに

1．リフォーム特有のトラブル

(1) 提供される情報の不足

　新築住宅については、近年、住宅ローン融資について建築確認手続における完了検査済証の交付が認められることや、住宅品質確保促進法に基づく性能表示制度ならびに住宅瑕疵担保履行法に基づく保険付住宅の普及により、当該住宅に関する情報が適格に保存される傾向にあります。

　しかしながらリフォーム工事の対象住宅は、竣工後長期間経過している物件もあって、必ずしも工事業者に対して適切な情報提供がなされているとはいえない状況です。

　そのため工事実施後に初めて具体的な状況が判明することがあり、それにより工期が当初の予定よりも延長され、工事代金も必然的に増加する事態が発生しています。

　施主の立場からすれば、工事を開始した後に工事代金が増加して想定外の金額の請求を受けることになりますので、不信感が生まれ、これがトラブルの原因となることがあります。

　この点は、とくに補修工事について顕著です。

(2) 悪徳業者の横行

　リフォーム工事については数年前、リフォーム詐欺と称される詐欺的商法が横行しましたが、これは建築の知識を持たない消費者、とくに高齢者の弱みにつけ込んだもので、あくまで一部の業者に限定された悪徳セールスではありますが、この事件以降、リフォーム工事業者に対して厳しい目が向けられるようになりました。

(3) 契約（工事）内容の不明確さ

　「一生に一度の大きなお買い物」である新築住宅の取得契約と異なり、リフォーム工事の請負代金は極めて少額なケースが多く、契

約書を交わさないケースが多く見受けられます。

そのため工事内容が不明確となり、トラブルの原因となります。

このように、リフォーム工事のトラブルは、工事主体の問題（悪徳業者の横行によって善良な業者への監視が厳しくなる）のほかに、工事そのものに内在する問題（契約時における工事内容が確定しにくい等）の事情が複雑に関連しているといえます。

2．業者として何を注意すべきか
(1) 悪徳業者との差別化

悪徳業者との差別化を図るための手段としては、コンプライアンス（法令遵守）を浸透させることが不可欠です。

リフォーム工事については、必ずしも建設業の免許を持たない業者でも担当することが可能ですが、訪問販売の形式で契約が締結される形態が大部分のリフォーム工事契約においては、「特定商取引に関する法律」（以下、「特定商品取引法」または「特商法」という）の遵守が必須です。

この平成20年の改正法は、訪問販売業者に対して、訪問（勧誘も含む）から契約締結に至るまで詳細な遵守項目が定められており、かつ、罰則規定も存在します。

悪徳業者との差別化を図るためには同法を厳格に遵守し、適切な手段による訪問（勧誘）から契約締結を積み重ねていく必要があります。

(2) 契約内容の明確化

口頭の合意だけでなく、契約書を交付することは言うまでもありませんが、契約書の内容についても、同法に定められた項目をきちんと整理するとともに、相手の状況（高齢者であること、技術的な知識を持ち合わせていないこと等）を踏まえて詳しい説明を心掛けるなど、柔軟に対応する必要があります。

確かに少額の工事において契約書を締結することは事務処理量が増大し，効率という面では必ずしもよいものではないかもしれません。

　しかしながら，契約内容の明確化こそトラブル防止の最も効果的な手段であることを再確認し，契約内容が消費者にとっても理解しやすいものとなるよう十分に配慮すべきです。

> **(参　考)**
>
> 　小規模なリフォーム工事では、契約書を取り交わしていない、または曖昧な内容による契約や安易な変更等を原因とするトラブルが多く発生しています。
> 　一般社団法人 住宅リフォーム推進協議会では、リフォーム工事や変更の内容を明確化することで、消費者、工事業者双方が安心してリフォーム工事が行えるよう、以下の「住宅リフォーム工事標準契約書式（小規模工事用）」を作成していますので、そちらを参考にされるとよいでしょう。(171頁参照)
>
>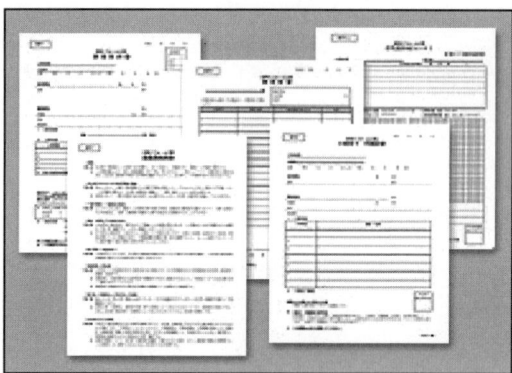
>
> **住宅リフォーム工事標準契約書式**
> (小規模工事用)
>
> ・書式Ⅰ　住宅リフォーム工事　請負契約書　（複写）
> ・書式Ⅲ　住宅リフォーム工事　打ち合わせシート（複写）
> ・書式Ⅳ　住宅リフォーム工事　御見積書　（複写）
> ・書式Ⅴ　住宅リフォーム工事　仕上げ表　（複写）
> ・書式Ⅵ　住宅リフォーム工事　工事内容変更合意書（複写）
> ・書式Ⅶ　住宅リフォーム工事　工事完了・同確認書（複写）
>
> 一般社団法人 住宅リフォーム推進協議会
> http://www.j-reform.com/shosiki/shosiki.html

2 リフォームの定義

　住宅のリフォーム（reform）とは，一般的には居住している住宅の改装工事等のことをいいますが，法令による明確な定義があるわけではありません。建築基準法上の用語で定義づけるとすれば，リフォームとは「建築物を増築，改築，修繕または模様替すること」をいい，建築物の新築，移転はリフォームには含まれないということができます。

表1-1　住宅リフォームの具体例

① 現状の住宅の床面積を増やす（増築）
② 現状の住宅の床面積を増やさずに間取りを変更する（改築）
③ 屋根の葺き替え（修繕，模様替）
④ 雨漏りの補修（修繕）
⑤ キッチン，浴室，トイレ等の住宅設備の取り替え（模様替），補修（修繕）
⑥ 断熱改修等の省エネルギー性能の強化（模様替）
⑦ バリアフリー改修（模様替）
⑧ 耐震性の強化（模様替）　等

表1-2　建築基準法による定義

建築物とは	土地に定着する工作物のうち，屋根および柱もしくは壁を有するもの，これに附属する門もしくは塀，観覧のための工作物または地下もしくは高架の工作物内に設ける事務所，店舗，興行場，倉庫その他これらに類する施設をいい，建築設備を含むものとする。（法2条1号）
建築とは	建築物を新築し，増築し，改築し，または移転することをいう。（法2条13号）

表1-3 リフォームの定義

リフォーム	建築 (法2条 13号)	新築	建築物が建っていない敷地もしくは建築物を除却した後に更地となった状態の敷地に建築物を建てること。
		移転	同一敷地内で建築物を移動すること。
		増築	既存建築物に建て増しをする，または既存建築物のある敷地に新たに建築すること。 既存建築物のある敷地内に別棟で建築する場合，建築物単位では新築となるが，敷地単位では増築となる。
		改築	建築物の全部もしくは一部を除却し，または，これらの部分が災害等によって滅失した後引続きこれと用途，規模，構造の著しく異ならない建築物を建てること。 従前のものと著しく異なるときは，新築または増築となる。なお，使用材料の新旧を問わない。
	修繕（注1）		劣化した部分をおおむね同じ位置・材料・形状等で現状回復すること。
	大規模の修繕		建築物の主要構造部（注2）の一種以上について，過半（1／2以上）の修繕をすること（法2条14号）。
	模様替（注1）		建築物の構造，規模，機能の同一性を損なわない範囲で改造すること。現状回復を目的とせずに性能の向上を図ること。
	大規模の模様替		建築物の主要構造部（注2）の一種以上について行う過半（1／2以上）の模様替のこと（法2条15号）。

(注1) 建築基準法上,「大規模の修繕」,「大規模の模様替」は明文で定義されているが，単なる「修繕」,「模様替」は明文化されていない。

(注2) 主要構造部とは，壁，柱，床，はり，屋根または階段をいい，建築物の構造上重要でない間仕切壁，間柱，附け柱，揚げ床，最下階の床，廻り舞台の床，小ばり，ひさし，局部的な小階段，屋外階段その他これらに類する建築物の部分は除かれる（法2条5号）。

図1−1　建築基準法上の用語の定義（法2条13〜15号）

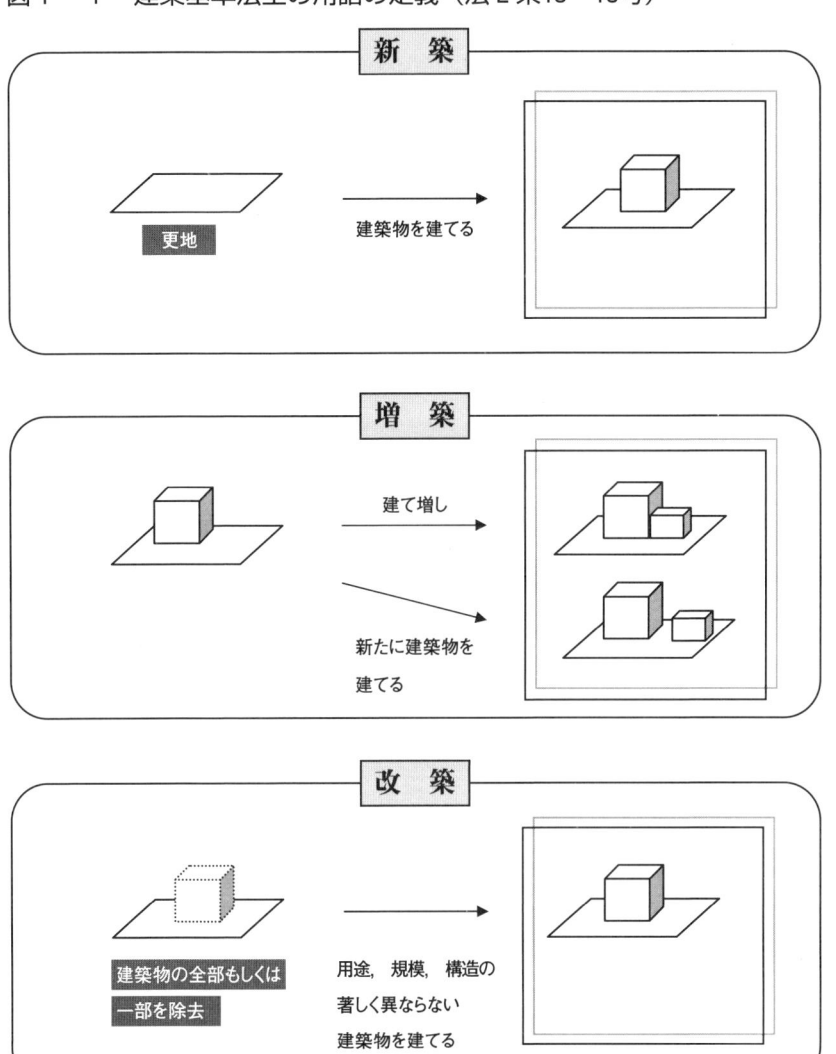

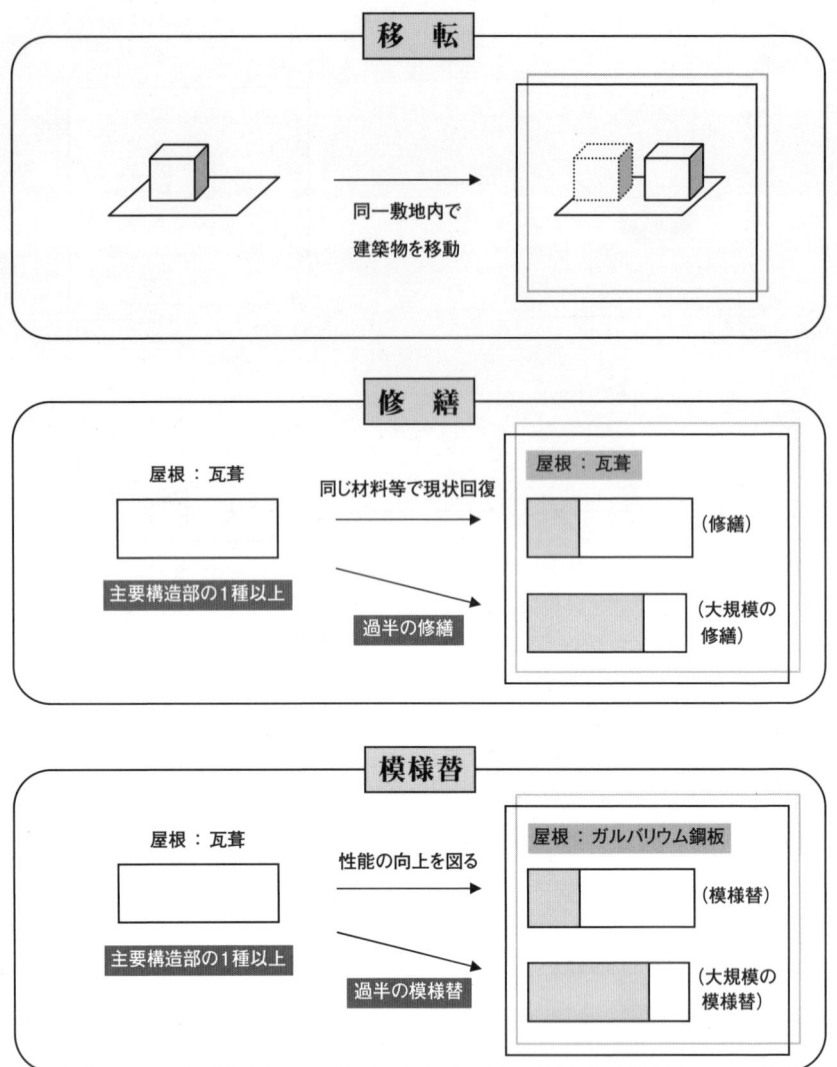

コラム　リフォームとリノベーション

　英語で「住宅リフォーム」に相当する言葉は reform ではなく，renovation（リノベーション）です。わが国では，「リフォーム」は建物の毀損や経年劣化を修繕してもとの性能に回復するという意味で用いられているのに対して，「リノベーション」は建物用途の変更（コンバージョン），間取りの全面変更，給排水設備の全面改修など，もとの建物の性能以上の付加価値を付け加えるような大規模な工事という意味で，用いられていることが多いようです。しかし，このような意味でのリノベーションは，建築基準法上の「大規模の模様替」に当たるものですので，法律上はとくにリフォームと区別することに実益はないと考えられます。なお，リフォームまたはリノベーションが「大規模の修繕」，「大規模の模様替」に当たる場合は，建築確認申請をしなければならないこともありますので，この点は注意を要します（[3] 1．(1)参照）。

3 建築基準法上の問題点

1. 建築確認申請

(1) 確認申請が必要な建築物・建築

建築主は，以下の場合においては当該工事に着手する前に，その計画が建築基準関係規定等に適合するものであることについて，確認の申請書を提出して建築主事の確認を受け，確認済証の交付を受けなければなりません（法6条1項）。

① 1～3号建築物を建築しようとする場合（増築しようとする場合は，増築後において1～3号建築物の規模のものとなる場合を含む）
② 1～3号建築物の大規模の修繕もしくは大規模の模様替をしようとする場合
③ 4号建築物を建築しようとする場合

表1－4　法6条1項が定める建築物の分類

1号	特殊建築物で，その用途に供する部分の床面積の合計が100㎡を超えるもの
2号	木造の建築物で3以上の階数を有し，または延べ面積が500㎡，高さが13mもしくは軒の高さが9mを超えるもの
3号	木造以外の建築物で2以上の階数を有し，または延べ面積が200㎡を超えるもの
4号	1～3号建築物以外（木造で2以下の階数，軒高9m以下かつ高さ13m以下および延べ床面積が500㎡以下）のもので，都市計画区域・準都市計画区域もしくは景観法の準景観地区内または都道府県知事が関係市町村の意見を聴いてその区域の全部もしくは一部について指定する区域内における建築物

表1-5　都市計画区域と建築確認の要否との関係

都市計画＼建物の種類	1～3号建築物	4号建築物
都市計画区域内	必要	必要
都市計画区域外	必要	不要

(2) 確認申請が不要な建築物・建築

　防火地域および準防火地域外において建築物を増築し、改築し、または移転しようとする場合で、その増築、改築または移転に係る部分の床面積の合計が10㎡以内であるときは、建築確認は不要です（法6条2項）。

コメント

○　2階建の木造住宅は4号建築物であるので、その大規模の修繕や大規模の模様替は建築確認の対象とはならず、リフォームの多くは建築確認が不要であるといえます。しかし、①防火地域または準防火地域内の増改築、②防火地域または準防火地域外で10㎡を超える増改築、③主要構造部の過半に係る修繕、模様替の場合は、確認申請が必要になります。

○　マンションの専有部分のリフォームは増築や改築には当たりません。また、1住戸のリフォームはマンション全体の過半を超えることはほとんどなく大規模の修繕や大規模の模様替にも当たりませんので、基本的には建築確認が不要といえるでしょう。

2．建築士による設計または工事監理

(1) 建築士による独占的業務

建築物を建築，大規模の修繕または大規模の模様替をする場合，その設計または工事監理は建築基準法（法5条の4第1項・4項）および建築士法（法3条ないし3条の3）に定められた者（一級建築士，二級建築士，木造建築士）によらなければなりません。また，平成18年の建築基準法の改正により，一定規模の建築物の構造と設備については，構造設計一級建築士と設備設計一級建築士による設計または法適合の確認が必要になりました（法5条の4第2項・3項）。

表1－6　建築士でなければできない設計または工事監理

構造		木造			鉄筋コンクリート造，鉄骨造，石造，れんが造，コンクリートブロック造，無筋コンクリート造		
高さ　階数		高さ≦13m　軒高≦9m		高さ>13m　軒高>9m	高さ≦13m　軒高≦9m		高さ>13m　軒高>9m
		階数1	階数2	階数3以上		階数2以下	階数3以上	
延べ面積	A≦30	誰でもできる				誰でもできる		
	A≦100						1級・2級建築士	1級建築士
	A≦300	1級・2級・木造建築士			1級建築士			
	A≦500	1級・2級建築士						
	A≦1,000 一般							
	特建							
	1,000<A 一般	1級・2級建築士						
	特建							

（注）　特建（特殊建築物）とは，学校，病院，劇場，映画館，観覧場，公会堂，オーディトリアムのある集会場，百貨店等をいう。

(2) 建築士でなくても設計および工事監理できるリフォーム

以下の建築物については，建築士でなくても誰でも設計および工事監理を行うことができます（前頁表の ▆▆▆ 部分）。

① 木造で，2以下の階数，高さ13m以下かつ軒高9m以下および延べ床面積が100㎡以下の建築物

② 鉄筋コンクリート造・鉄骨造等で，階数2以下，高さ13m以下かつ軒高9m以下，延べ床面積が30㎡以下の建築物

3. 既存不適格建築物

(1) 既存不適格建築物とは

「既存不適格建築物」とは，建築された当時は建築基準法令に適合していましたが，その後の法令改正等により現行の規定に適合しなくなった建築物のことをいいます。昭和56年施行の新耐震基準や平成15年施行のシックハウス規制のように，建築基準法令は繰り返し改正されているため，リフォーム工事を行う場合はこの既存不適格建築物を取り扱うことが多くあります。

(2) 既存不適格建築物に関する規制の合理化

既存不適格建築物は，現存のままであれば改正後の法令の規定は適用されません。したがって，わざわざ現行法令に適合するように改修する必要はありませんが，増改築等を行う場合には，現行法令に適合していない部分は適合するよう改修しなければなりません。そのため，建物所有者がリフォーム工事を躊躇したり，既存不適格建築物がいつまで経っても改修されないといった問題がありました。

そこで，既存不適格建築物に関する規制を合理化するため，平成16年6月に建築基準法の一部が改正され，既存不適格建築物の増改築等を行う場合，採光，換気，シックハウス対策等の居室単位の規制については，増改築等を行う居室についてのみ現行法令の基準が

適用され，それ以外の居室については改修しなくてもよいことになりました（表1-7参照）。ただし，このような部分適用を受けられるのは，構造耐力や避難関係の規定が適用されない既存不適格建築物に限られます。

表1-7　部分適用を行う場合の各規定の適用（主なもの）

関連規定	項目	部分適用を行う場合の規定の適用
法28条1項 法36条	居室の採光	居室単位で適用
法28条2項	居室の換気	居室単位で適用
法28条3項	特殊建築物の居室換気，火気使用室換気	居室，火気使用室単位で適用
法28条の2	居室内における化学物質発散に対する衛生上の措置	居室単位で適用 （クロルピリホスについては建築全体に適用）
法31条 法36条	便所	便所単位で適用
法32条	換気設備	電気設備単位で適用
法35条の3	無窓居室等の主要構造部	居室単位で適用
法36条	居室の天井高さ	居室単位で適用
	居室の床高さ	居室単位で適用
	床の防湿措置	居室単位で適用
	階段	階段単位で適用

4．防火規制

防火規制とは，火災の拡大防止その他の火災の危険防止を目的として，建物の構造や仕上材（屋根，外壁，仕上げ材等）について防火性能を規制したり，一定の構造で建築物をいくつかの部分に区画したりすることなどをいいます。

(1) 地域規制

① 防火地域

防火地域は，建築物が密集する市街地における火災の危険を防止するため厳しい建築制限が行われる地域であり，都市計画において定められています。防火地域内の建築物および工作物は，原則として表1−8にあるとおり耐火建築物または準耐火建築物としなければなりません（法61条）。

表1−8

階数＼延べ面積	≤100㎡	>100㎡
≥3（地階を含む）	耐火建築物	耐火建築物
2または1	耐火建築物または準耐火建築物	耐火建築物

② 準防火地域

準防火地域も，市街地における火災を防止するために都市計画において定められる地域ですが，防火地域の周辺で比較的厳しい建築制限が行われるものです。準防火地域内では木造建築物等の建築も可能ですが，次の表1−9にあるような制限があり，また一定規模の建築物は耐火建築物または準耐火建築物としなければなりません（法62条）。

表1-9

階数＼延べ面積	≦500㎡	≦1,500㎡	>1,500㎡
≧4	耐火建築物	耐火建築物	耐火建築物
3	耐火建築物，準耐火建築物または一定の技術基準に適合する建築物	耐火建築物または準耐火建築物	耐火建築物
2または1	木造建築物でも可（注）	耐火建築物	耐火建築物

（注）外壁・軒裏の延焼のおそれのある部分を防火構造とする。これに附属する高さ2mを超える門・塀は延焼のおそれのある部分を不燃材料で作るかまたは覆う。

③　防火地域・準防火地域の共通制限

表1-10

屋　　根	火の粉により防火上有害な発炎をしない構造，または火の粉により屋内に達する防火上有害な溶融，亀裂その他の損傷を生じない構造にする必要がある（法63条，令136条の2の2）。
外壁開口部	延焼のおそれのある部分にあるものは，国土交通大臣が定めた構造方法による防火戸等の防火設備を設けなければならない（法64条，令109条）。 外壁が耐火構造の建築物については，外壁を隣地境界線に接して設けることができる（65条）。

> **コメント**
>
> 　民法234条1項は，建築物は境界線より50ｃｍ以上離さなければならないと規定しているため，建築基準法65条と民法234条1項とのどちらの規定が優先適用されるのかということが問題となります。
> 　この点について最高裁判所平成元年9月19日判決は，「建築基準法65条は，民法234条1項の規定が排除される旨を定めたものと解するのが相当である」として，建築基準法が民法に優先すると判断しました。

　④　22条区域

　　22条区域とは，防火地域・準防火地域以外の市街地で，建築物の屋根を不燃化し，外壁に一定の防火性能を確保させることによって火災による延焼等の防止を図る区域をいいます（法22条）。木造の共同住宅で，2階以上，かつその用途に供する部分の床面積の合計が200㎡を超える建築物等の外壁および軒裏の延焼のおそれのある部分は，防火構造としなければなりません（法24条）。

(2)　大規模建築物・特殊建築物の防火規制

　①　大規模木造建築物等

　　延べ面積が1,000㎡を超える木造建築物等は，その外壁および軒裏で延焼のおそれのある部分を防火構造とし，その屋根の構造を法22条1項に規定する構造としなければなりません（法25条）。

　②　特殊建築物の耐火規制

　　不特定多数の人々が利用する特殊建築物（劇場，映画館，病院，学校，百貨店，展示場，遊技場，倉庫，自動車車庫等の3階以上の階等）については，その用途・規模によって耐火建築物または準耐火建築物としなければなりません（法27条，法別表1，令115条の3）。

(3) 防火区画・防火壁
① 防火区画

防火区画とは，建築物内部で発生した火災拡大防止のために，耐火構造の床，壁，防火設備で建築物を一定の面積ごとに区画することをいい，面積区画，竪穴区画，異種用途区画の3種類があります（令112条）。

ⅰ）面積区画（令112条1項〜8項）

建築物を一定の面積ごとに区画するものです（令112条1項〜4項）。

表1-11

対象建築物	適用	区画面積（注1）	区画方法	緩和される部分
主要構造部が耐火構造または準耐火構造		1,500㎡以内	耐火構造または1時間準耐火構造の床・壁 特定防火設備	劇場，工場，体育館等（注2）
準耐火建築物	外壁耐火構造	500㎡以内	同上	工場，体育館等（注2・3）
	1時間準耐火構造または不燃構造	1,000㎡以内	同上	工場，体育館等（注2）
建築物の11階以上の部分		100㎡以内	耐火構造の床・壁 特定防火設備 防火設備	
	内装仕上げ，下地とも準不燃材	200㎡以内	耐火構造の床・壁 特定防火設備	
	内装仕上げ，下地とも不燃材	500㎡以内		

（注1）　スプリンクラー等の自動消火設備を設けた部分の面積は1／2を控除
（注2）　階段室，エレベーターの昇降路・乗降ロビー等は，その部分を区画しているときは緩和
（注3）　防火上主要な間仕切壁は，小屋裏または天井裏まで準耐火構造とする。

ⅱ）竪穴区画（令112条9項）

地階または3階以上に居室のある主要構造部を準耐火構造とした建築物のうち，階段，エレベーター，エスカレーター，パイプシャフトなどの建築物の竪穴部分とその他の部分とを区画するものです。

ⅲ）異種用途区画（令112条12項・13項）

建築物の一部に特殊建築物（法24条により外壁等を防火構造とすべき特殊建築物，法27条に該当する建築物）の用途に供する部分がある場合に，その部分とその他の部分とを区画するものです。

② 防火壁

延べ面積が1,000㎡を超える建築物は，防火上有効な構造の防火壁によって有効に区画し，かつ，各区画の床面積の合計をそれぞれ1,000㎡以内としなければなりません（法26条）。これは，耐火建築物や準耐火建築物以外の建築物（主として木造建築物）について一定の面積以内に防火壁で区画し，火災の拡大を防止しようとするものです。

防火壁は，火災の際にもそれ自体が残存するように，耐火構造とし，かつ自立する構造としなければならない等詳細な規定が設けられています（令113条1項）。

(4) **内装制限**

内装制限とは，発生した火災を最小限に押さえるために，室内の壁と天井をできる限り不燃性の高い材料（不燃材料，準不燃材料，難燃材料）で仕上げるよう規定したものです（法35条の2，令128条の3の2〜129条）。住宅（共同住宅，兼用住宅を含む）の台所，浴室等の火気を使用する室内で最上階以外の階においては，壁と天井を不燃材料または準不燃材料としなければなりません。

表1-12

	用途等	耐火建築物	準耐火建築物	その他の建築物	内装箇所	内装材料 不燃	内装材料 準不燃	内装材料 難燃
①	劇場，映画館，演芸場，観覧場，公会堂，集会場	客席400㎡以上	客席100㎡以上		居室-天井，壁（床から1.2mを超える）	○	○	○
					通路等-天井，壁	○	○	-
②	病院，ホテル，旅館，下宿，共同住宅，寄宿舎，養老院，児童福祉施設等	3階以上の合計（注1）300㎡以上	2階部分300㎡以上（病院等は病室ある場合のみ）	床面積合計200㎡以上	居室-天井，壁（床から1.2mを超える）	○	○	○
					通路-天井，壁	○	○	-
③	百貨店，マーケット，展示場，キャバレー，カフェー，ナイトクラブ，バー，ダンスホール，遊技場，公衆浴場，待合，料理店，飲食店，物品販売店（10㎡を超える）	3階以上の合計1,000㎡以上	2階以上の合計500㎡以上	床面積合計200㎡以上	居室-天井，壁（床から1.2mを超える）	○	○	○
					通路等-天井，壁	○	○	-
④	自動車車庫，自動車修理工場	全部適用			当該用途部分・通路-天井，壁	○	○	-
⑤	地階又は地下工作物内に設ける居室を①〜③の用途に供する特殊建築物	全部適用			居室-通路等-天井，壁	○	○	-

⑥	学校等以外で大規模のもの	・階数3以上 　→延べ面積500㎡を超える ・階数2 　→延べ面積1,000㎡を超える ・階数1 　→延べ面積3,000㎡を超える	居室－天井,壁（床から1.2m超える）	○	○	○
			通路等－天井,壁	○	○	－
⑦	無窓の居室 （開放できる窓等（天井から80cm以内）＜居室床面積×1／50）	当該居室床面積50㎡を超える	居室－ 通路等－ 天井,壁	○	○	－
⑧	採光無窓の居室 （令20条の有効採光のない温湿度調整を要する作業室等）	全部適用				
⑨	住宅及び併用住宅の調理室,浴室等で火気使用設備等を設けたもの	階数2以上の建築物の最上階以外の階	調理室等－天井,壁	○	○	－
⑩	住宅以外の調理室,浴室,乾燥室,ボイラー室等で火気使用設備等を設けたもの	全部適用				

（注1）　②で100㎡（共同住宅の住宅は200㎡）以内ごとに準耐火構造の床,壁又は防火設備で区画されている居室には内装制限の適用はない（廊下,階段等には内装制限がある）。

（注2）　⑥で高さ31m以下の部分にある居室で②の一定の建築物で100㎡以内ごとに区画された場合は,内装制限の適用はない。

（注3）　天井がない場合は屋根が規制を受ける。

（注4）　自動式スプリンクラー設備等と排煙設備を併置した場合は,内装制限の適用はない（令129条7項）。

コメント

　「準不燃材料でした内装の仕上げに準ずる仕上げを定める告示」が平成21年4月1日より施行され，住宅の火気使用室の内装制限に関する規制が合理化されました。

1．適用対象となる火気使用室
　　一戸建て住宅における火気使用室に限られます。
2．適用対象となる火気使用設備
　　加熱の状況が比較的よく把握できており，かつ，ログハウス等の木材を内装に使用している一戸建て住宅において一般的に用いられる火気使用設備として，こんろ，固定式ストーブ，壁付暖炉，いろりに関する技術基準を整理し，本告示の適用対象としています。
3．規制の概要
　　火気使用室は，火災の発生の危険性が特に高い室であることから，避難安全性を確保すると同時に出火の危険性を低減するため，内装制限の適用対象となっており，火気使用室全体の内装を準不燃材料とすることとされています（令128条の4第4項，129条6項）。
　　本告示は，火気使用設備周辺とそれ以外の部分における着火リスクの違いに着目し，火気使用設備周辺については不燃材料による内装の強化や遮熱板の設置等の措置を要求する代わりに，それ以外の部分については木材や難燃材料による内装を許容するものとしました。

(5) 無窓の居室

次のいずれかに該当する開口部を有しない居室(無窓の居室)は,その居室を区画する主要構造部を耐火構造とし,または不燃材料で造らなければなりません(法35条の3,令111条)。

　ⅰ)採光に有効な開口部の面積の合計が,居室の床面積の1／20以上のもの

　ⅱ)直接外気に接する避難上有効な構造の開口部で,その大きさが直径1m以上の円が内接することができるもの,またはその幅が75cm以上で高さが1.2m以上のもの

用語解説　防火関係の用語

○ **主要構造部(法2条5号)**

　壁,柱,床,はり,屋根または階段をいう(建築物の構造上重要でない間仕切壁,間柱,附け柱,揚げ床,最下階の床,廻り舞台の床,小ばり,ひさし,局部的な小階段,屋外階段その他これらに類する建築物の部分は除く)

○ **延焼のおそれのある部分(法2条6号)**

　延焼のおそれのある部分とは,隣地境界線,道路中心線または同じ敷地内の他の建築物(延べ床面積の合計が500㎡以下のものは1つの建物とみなす)の外壁の中心線から,1階では3m以下,2階以上では5m以下の距離にある建築物の部分をいう。道路中心線または隣地境界線から2階以上の階では5m以内,1階では3m以内の範囲が延焼のおそれのある部分である。

図1-2　防火地域で延焼のおそれのある部分

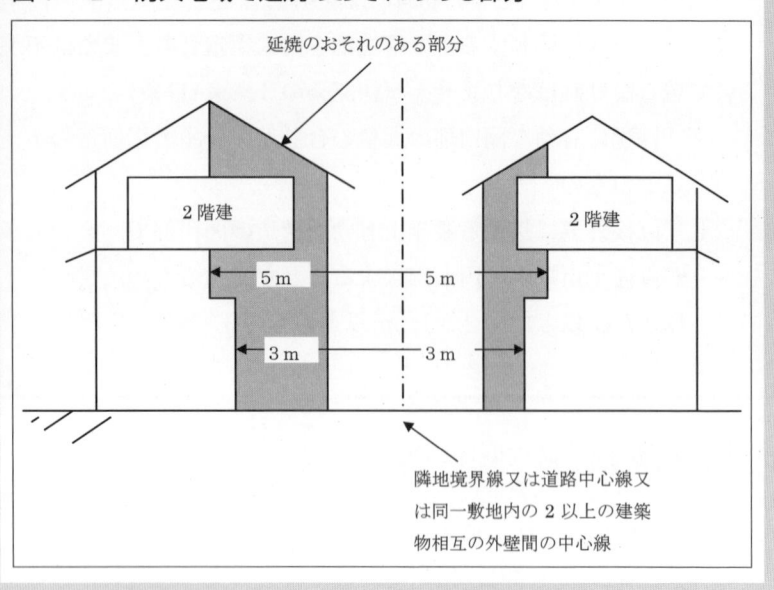

延焼のおそれのある部分

2階建　　5m　5m　2階建

3m　3m

隣地境界線又は道路中心線又は同一敷地内の2以上の建築物相互の外壁間の中心線

　延焼のおそれのある部分に該当する開口部（窓・出入口）には防火戸を取り付けなければならないとされています。また，屋根の不燃化や，外壁と軒裏を防火構造としなければならない等の規制があります。

コメント

　屋根に準ずるものとして鼻隠し，破風も含まれ，外壁に準ずるものとして軒裏・庇裏等も含まれます。また，開口部には，玄関ドア，勝手口ドア，物入れドア等も対象となりますので，これらの点には注意を要します。

○　**耐火構造（法2条7号，令107条）**
　　壁，柱，床その他の建築物の部分の構造のうち，耐火性能

（通常の火災が終了するまでの間，その火災による建築物の倒壊および延焼を防止するために当該建築物の部分に必要とされる性能）に関して政令で定める技術的基準に適合する鉄筋コンクリート造，れんが造その他の構造で，国土交通大臣が定めた構造方法を用いるものまたは国土交通大臣の認定を受けたものをいいます。

○ 準耐火構造（法2条7号の2，令107条の2・115条の2の2）

壁，柱，床その他の建築物の部分の構造のうち，準耐火性能（通常の火災による延焼を抑制するために当該建築物の部分に必要とされる性能）に関して政令で定める技術的基準に適合するもので，国土交通大臣が定めた構造方法を用いるものまたは国土交通大臣の認定を受けたものをいいます。

○ 防火構造（法2条8号，令108条）

建築物の外壁または軒裏の構造のうち，防火性能（建築物の周囲において発生する通常の火災による延焼を抑制するために当該外壁または軒裏に必要とされる性能）に関して政令で定める技術的基準に適合する鉄網モルタル塗，しっくい塗その他の構造で，国土交通大臣が定めた構造方法を用いるものまたは国土交通大臣の認定を受けたものをいいます。

なお，「防火構造の構造方法を定める件」（平成12年建設省告示第1359号，平成16年国土交通省告示第788号による改正，同告示第1173号による改正）に詳細な仕様が示されています。また，防火戸については「防火設備の構造方法を定める件」（平成12年建設省告示第1360号）に仕様が示されていま

す。
- ○ **不燃材料（法2条9号，令108条の2）**

  建築材料のうち，不燃性能（通常の火災時における火熱により燃焼しないことその他の政令で定める性能）に関して政令で定める技術的基準に適合するもので，国土交通大臣が定めたものまたは国土交通大臣の認定を受けたものをいいます。

  不燃性能としては，通常火災の加熱開始後20分間，次の条件を満たしていることが必要です。
  ① 燃焼しないこと。
  ② 防火上有害な変形，溶融，き裂その他の損傷を生じないこと。
  ③ 避難上有害な煙またはガスを発生しないこと。

- ○ **準不燃材料**

  上記の不燃性能を10分間満たしている材料

- ○ **難燃材料**

  上記の不燃性能を5分間満たしている材料

(6) リフォームにおける注意点

① 防火規制は地域・区域によって異なり，使用する材料等もそれに応じて異なります。したがって，事前に都道府県や市区町村の建築指導課や都市計画課で防火規制を調査する必要があります。

② また，建築物の用途，規模，構造等によって規制内容が異なってきます。たとえば，室内のリフォームであっても，準耐火構造の建築物であれば，建物の下地が不燃材料で通常火災に基づく加

熱時間が45分間を要する間仕切壁については厚さ15mmの石膏ボード等を使用するというような技術的基準が定められていますので（建設省告示第1358・1380号），そのような構造方法で施工しなければなりません。したがって，リフォームの対象となる建築物について建築確認済証や検査済証でその用途，規模，構造等を調査したうえで，これらの規制内容に適合した材料を選定する必要があります。しかしながら，上記のように規制内容は複雑かつ詳細に規定されているため，場合によっては建築士等の専門家に相談したり，設計監理を建築士等に依頼することも検討すべきです。

③　屋根の葺き替え，外壁・開口部の取り替え，その他増築に伴う外装工事については，延焼のおそれのある部分にかかることが多々ありますので，屋根の不燃化，外壁・軒裏を防火構造にするなど防火規制に適合した仕様・材料で工事計画を立てなければなりません。

　「延焼のおそれのある部分」に使用できる材料であるか否かについては，建築基準法に定めがあるほか建材メーカーが個別に法適合認定を受けている場合もありますので，カタログや技術資料で認定番号を確認したうえで使用する必要があります。

5.建ぺい率・容積率

(1) 建ぺい率

① 建ぺい率とは建築面積の敷地面積に対する割合のことであり，各用途地域の区分に従い，いくつかの数値の中から都市計画において定められています（法53条1項）。

表1-13 建ぺい率一覧表

用途地域等	① 原則	② 防火地域内の耐火建築物
第一種・第二種低層住居専用地域 第一種・第二種中高層住居専用地域 工業専用地域	$\frac{3}{10}, \frac{4}{10}, \frac{5}{10}, \frac{6}{10}$のうち都市計画で定める割合	①$+\frac{1}{10}$
第一種・第二種住居地域 準住居地域 準工業地域	$\frac{5}{10}, \frac{6}{10}, \frac{8}{10}$のうち都市計画で定める割合	①が$\frac{5}{10}, \frac{6}{10}$のときは ①$+\frac{1}{10}$ ①が$\frac{8}{10}$のときは$\frac{10}{10}$
近隣商業地域	$\frac{6}{10}, \frac{8}{10}$のうち都市計画で定める割合	①が$\frac{6}{10}$のときは ①$+\frac{1}{10}$ ①が$\frac{8}{10}$のときは$\frac{10}{10}$
商業地域	$\frac{8}{10}$	$\frac{10}{10}$
工業地域	$\frac{5}{10}, \frac{6}{10}$のうち都市計画で定める割合	①$+\frac{1}{10}$
用途地域の指定のない区域	$\frac{3}{10}, \frac{4}{10}, \frac{5}{10}, \frac{6}{10}, \frac{7}{10}$のうち特定行政庁が都市計画審議会の議を経て定める割合	①$+\frac{1}{10}$

（注1） 角地等で特定行政庁が指定するもののうちにある建築物は以上の割合にさらに0.1を加えた割合とする（法53条3項2号）。

（注2） 巡査派出所，公衆便所，公共用歩廊その他これらに類するもの，公園，広場，道路，川その他これらに類するもののうちにある建築物で，特定行政庁が交通上，安全上，防火上および衛生上支障がないと認めて建築審査会の同意を得て許可したものは制限がない$\left(\frac{10}{10}\right)$（法53条5項2号・3号）。

② 容積率

容積率とは，延べ面積の敷地面積に対する割合のことであり，❶各用途地域の区分に従い都市計画において定められた限度（法52条1項）と，❷前面道路の幅員により定まる限度（法52条2項）のうち，いずれか厳しい方により制限されます。

表1−14 容積率一覧表

地　域	容　積　率
第一種・第二種低層住居専用地域	$\frac{5}{10}, \frac{6}{10}, \frac{8}{10}, \frac{10}{10}, \frac{15}{10}, \frac{20}{10}$のうち都市計画で定める割合
第一種・第二種中高層住居専用地域	$\frac{10}{10}, \frac{15}{10}, \frac{20}{10}, \frac{30}{10}, \frac{40}{10}, \frac{50}{10}$のうち都市計画で定める割合
第一種・第二種住居地域，準住居地域，近隣商業地域，準工業地域	$\frac{10}{10}, \frac{15}{10}, \frac{20}{10}, \frac{30}{10}, \frac{40}{10}, \frac{50}{10}$のうち都市計画で定める割合
商業地域	$\frac{20}{10}, \frac{30}{10}, \frac{40}{10}, \frac{50}{10}, \frac{60}{10}, \frac{70}{10}, \frac{80}{10}, \frac{90}{10}, \frac{100}{10},$ $\frac{110}{10}, \frac{120}{10}, \frac{130}{10}$のうち都市計画で定める割合
工業地域，工業専用地域	$\frac{10}{10}, \frac{15}{10}, \frac{20}{10}, \frac{30}{10}, \frac{40}{10}$のうち都市計画で定める割合
高層住居誘導地区内の建築物で，住宅の用途に供する部分の床面積の割合が2／3以上であるもの（高層住居誘導地区に関する都市計画において建築物の敷地面積の最低限度が定められたときは，その最低限度以上のもの）	当該建築物がある第1種・第2種住居地域，準住居地域，近隣商業地域，準住居地域に関する都市計画において定められた数値からその1.5倍以下で，住宅の用途に供する部分の床面積の割合に応じて政令で定める方法により算出した数値の範囲内で，高層住居誘導地区に関する都市計画で定める割合
用途地域の指定のない区域	$\frac{5}{10}, \frac{8}{10}, \frac{10}{10}, \frac{20}{10}, \frac{30}{10}, \frac{40}{10}$のうち特定行政庁が都市計画審議会の議を経て定める割合

(2) リフォームにおける注意点

リフォームのうち増築の場合には，建ぺい率と容積率を必ずチェックしなければなりません。

建ぺい率や容積率は都市計画によって定められますので，事前に都道府県や市区町村の建築指導課や都市計画課でその割合を調査する必要があります。また，容積率は前面道路の幅員による制限もあるので，前面道路の幅員を調査したうえで容積率を計算しなければなりません。この点にはとくに注意を要します。

なお，既存建物の建築面積や延べ面積が分からないと建ぺい率や容積率のチェックができませんので，既存建物の図面を入手するか，図面がない場合には既存建物を実測する必要があります。

6．高さ制限

(1) 高さ制限の概要

建築物の高さ制限には，建築物の高さは何m以下でなければならないと定める「絶対高さ制限」と，建築物の各部分の高さは一定の斜線の範囲内に収めなければならないとする「斜線制限」(道路斜線制限，隣地斜線制限，北側斜線制限) があり，その他に「日影による中高層建築物の高さ制限」(日影規制) があります。

① 絶対高さ制限

第一種・第二種低層住居専用地域においては，建築物の高さは10mまたは12mを超えてはならないとされています (法55条1項)。

② 道路斜線制限

道路に面して高層建築物が建築されることによる日照，採光，通風等の悪影響を防止するため，建築物の各部分の高さは，次の表1-15の高さ以下にしなければならないとされています (法56条1項1号)。

表1-15

水平距離	用途地域	各部分の高さ
当該部分から前面道路の反対側の境界線までの水平距離＝ℓ	住居系	1.25ℓ
	商業系	1.5ℓ
	工業系	
	無指定	1.25ℓまたは1.5ℓ

図1-3 道路斜線制限

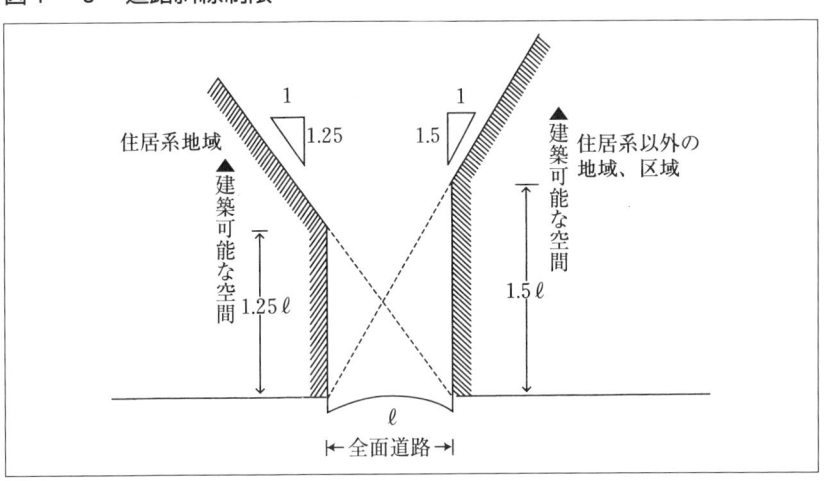

出所：建築基準法令研究会・編著「新訂第2版わかりやすい建築基準法」（大成出版社）345頁

③ 隣地斜線制限

　隣地の建築物の日照，採光，通風等を確保するため，建築物の各部分の高さは，表1-16にある高さ以下にしなければならないとされています（法56条1項2号）。なお，第一種・第二種低層住居専用地域には絶対高さ制限があるため，隣地斜線制限は適用されません。

表1−16

水平距離	用途地域	各部分の高さ
当該部分から隣地境界線までの水平距離＝ℓ	第一種・第二種中高層住居専用地域 第一種・第二種住居地域 準住居地域	$1.25ℓ+20m$
	商業系 工業系 無指定	$2.5ℓ+31m$

図1−4　隣地斜線制限

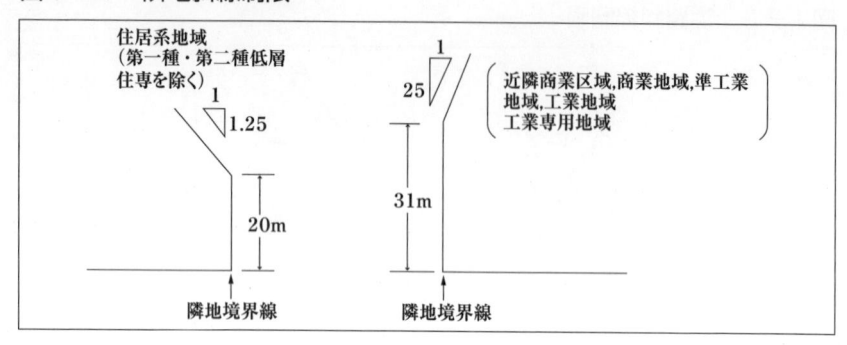

図1−5　隣地斜線制限（後退距離による隣地の高さ制限）

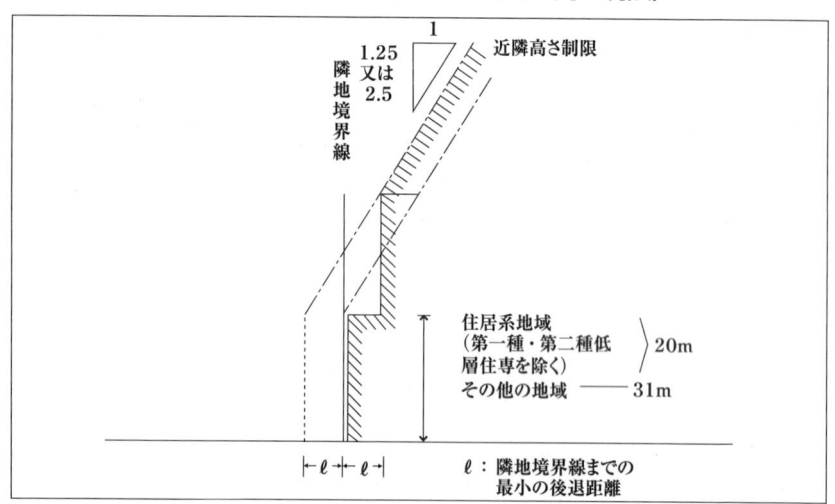

出所：建築基準法令研究会・編著「新訂第2版わかりやすい建築基準法」（大成出版社）362頁

④　北側斜線制限

　第一種・第二種低層住居専用地域，第一種・第二種中高層住居地域において，北側にある建築物の日照を確保するため，建築物の各部分の高さは，表1-17の高さ以下にしなければならないとされています（法56条1項3号）。

表1-17

水平距離	用途地域	各部分の高さ
前面道路の反対側の境界線または隣地境界線までの真北方向の水平距離=ℓ	第一種・第二種低層住居専用地域	$1.25\ell + 5\,\text{m}$
	第一種・第二種中高層住居地域	$1.25\ell + 10\,\text{m}$

図1-6　北側高さ制限（第一種・第二種低層住居専用地域）

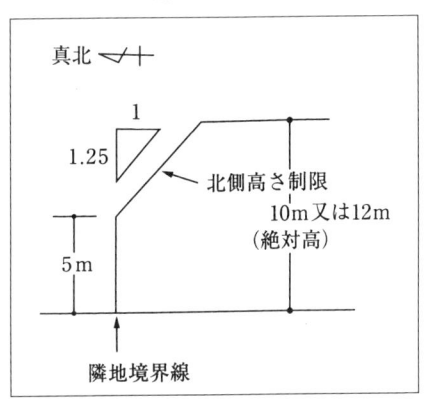

図1-7　北側高さ制限（第一種・第二種中高層住居専用地域）

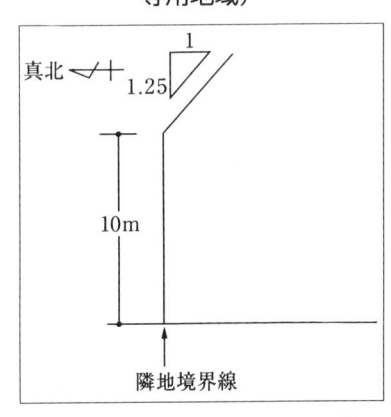

出所：建築基準法令研究会・編著「新訂第2版わかりやすい建築基準法」（大成出版社）366頁

表1−18　日影規制一覧表

(い) 地域	(ろ) 制限を受ける建築物	(は) 平均地盤面からの高さ	(に) 種別	(に) 敷地境界線からの水平距離が5mを超え10m以内の範囲における日影時間	(に) 敷地境界線からの水平距離が10mを超える範囲における日影時間
一　第一種・第二種低層住居専用地域	軒の高さが7mを超える建築物または地階を除く階数が3以上の建築物	1.5m	(一)	3時間（北海道は2時間）	2時間（北海道は1.5時間）
			(二)	4時間（北海道は3時間）	2.5時間（北海道は2時間）
			(三)	5時間（北海道は4時間）	3時間（北海道は2.5時間）
二　第一種・第二種中高層住居専用地域	高さが10mを超える建築物	4m	(一)	3時間（北海道は2時間）	2時間（北海道は1.5時間）
			(二)	4時間（北海道は3時間）	2.5時間（北海道は2時間）
			(三)	5時間（北海道は4時間）	3時間（北海道は2.5時間）

三	第一種・第二種住居地域，準住居地域，近隣商業地域，準工業地域	高さが10mを超える建築物	4 m	(一)	4時間（北海道は3時間）	2.5時間（北海道は2時間）
				(二)	5時間（北海道は4時間）	3時間（北海道は2.5時間）
四	用途地位の指定のない区域	軒の高さが7mを超える建築物または地階を除く階数が3以上の建築物	1.5m	(一)	3時間（北海道は2時間）	2時間（北海道は1.5時間）
				(二)	4時間（北海道は3時間）	2.5時間（北海道は2時間）
				(三)	5時間（北海道は4時間）	3時間（北海道は2.5時間）
		高さが10mを超える建築物	4 m	(一)	3時間（北海道は2時間）	2時間（北海道は1.5時間）
				(二)	4時間（北海道は3時間）	2.5時間（北海道は2時間）
				(三)	5時間（北海道は4時間）	3時間（北海道は2.5時間）

⑤　日影による中高層の建築物の制限（日影規制）

　日影規制とは，中高層建物によって生ずる日影を一定の時間内に抑えるよう建物の高さを制限することにより，周辺の居住環境を保護するものです。日影規制は，都市計画区域内で，地方公共団体が条例で指定する区域にのみ適用されます（表1－18。法56条の2第1項）。

　なお，日影規制対象区域外にある建築物であっても，高さが10mを超え，かつ，日影規制の対象区域内に一定時間日影を生じさせる場合は，当該建築物は適用対象区域内にある建築物とみなされ，日影規制の対象となります（法56条の2第4項）。

(2)　リフォームにおける注意点

　2階・3階を増築する場合や屋根の葺き替えに伴い軒の出を大きくするような場合は，各種の高さ制限に抵触する可能性があるので注意を要します。

　高さ制限は用途地域や都市計画によって内容が異なるため，事前に都道府県や市区町村の建築指導課や都市計画課でその規制内容を調査する必要があります。また，高さ制限のチェックには専門的知識が必要です。とくに日影規制については，建築士に依頼することが望ましいでしょう。

7. シックハウス対策に係る規制

(1)　建築基準法によるシックハウス対策

　平成15年7月施行の改正建築基準法によりシックハウス対策に係る規制が導入されました。この規制は平成15年7月1日以降に着工された建築物に適用され，同年6月以前に着工されたものには適用されません。しかしながら，平成15年6月以前に着工された建築物であっても，そのリフォーム工事を行う場合には原則として新築と同様のシックハウス対策が必要です。

なお，増改築工事において，増改築部分の換気を既存部分と一体的に行う場合と，そうでない場合とで，次のとおりシックハウス対策の規制の範囲が異なるので注意を要します。

増改築部分の換気を既存部分と一体的に行う場合（図1－8－(a)）	増築部分のみならず既存部分もシックハウス規制の対象となる。
増改築部分の換気を既存部分と一体的に行わない場合（図1－8－(b)）	既存部分はシックハウス規制の対象とならない。

図1－8　増改築の場合，規制対象となる範囲

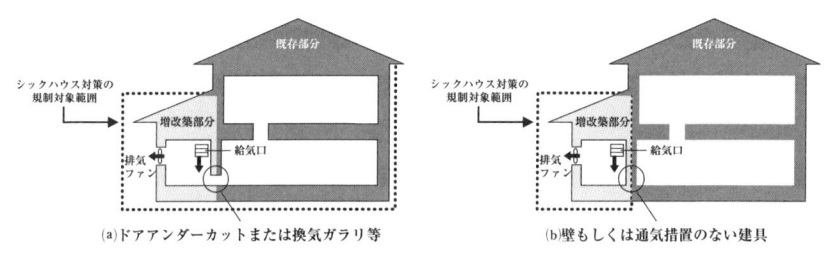

(a)ドアアンダーカットまたは換気ガラリ等
（増改築部分と既存部分の換気を一体的に行う場合）

(b)壁もしくは通気措置のない建具
（増改築部分と既存部分の換気を一体的に行わない場合）

出所：国土交通省，シックハウス対策ノート編集委員会（事務局：（財）住宅リフォーム・紛争処理支援センター）・監修「住宅づくりのためのシックハウス対策ノート（平成18年3月版）」19頁

(2) 建築基準法における規制の概要

① 規制の対象となる化学物質

クロルピリホスおよびホルムアルデヒドが規制の対象となります（令20条の5）。

② クロルピリホスに関する規制

居室を有する建築物には，クロルピリホスを添加した建築材料の使用が禁止されます（令20条の6）。

③　ホルムアルデヒドに関する規制
　ⅰ）内装の仕上げの制限
　　　居室の種類および換気回数に応じて，内装の仕上げに使用するホルムアルデヒド発散建築材料は面積制限を受けます（令20条の7）。
　ⅱ）換気設備の義務づけ
　　　内装の仕上げ等にホルムアルデヒド発散建築材料を使用しない場合であっても，家具等からもホルムアルデヒドが発散されるため，原則として居室を有するすべての建築物に機械換気設備の設置が義務づけられます（令20条の8）。
　ⅲ）天井裏等の制限
　　　天井裏，屋根裏，床下，壁（内部）から居室へのホルムアルデヒドの流入を防止するため，下地材をホルムアルデヒドの発散の少ない建築材料とするか，機械換気設備を天井裏等も換気できる構造とする必要があります（平成15年国土交通省告示274号）。

コラム　建築基準法はリフォーム工事も対象？

　建築基準法は，国民の生命・健康・財産等の保護を図ることを目的に，建築物の敷地・構造・設備および用途等に関する最低限の基準を定めた法律であり（法1条），大きくは集団規定と単体規定とに分類されます。

> ○集団規定：建築物の形態，用途，接道等について制限を加え，建築物が集団で存している都市の機能確保や適正な市街地環境の確保を図るためのもので，用途地域，建ぺい率制限，容積率制限，斜線制限，日影規制，接道義務等がこれに当たる。
>
> ○単体規定：個々の建築物が備えていなければならない安全，衛生，防火等に関する技術的基準を定めたもので，建築物の敷地の衛生と安全性，構造耐力上の安全性，防火性や耐火性，建築材料に対する規制等がこれに当たる。

　リフォームのうち増築・改築については集団規定・単体規定の両方が適用される場合もありますし，外装の修繕・模様替では単体規定のうち防火性・耐火性，建築材料に対する規制等が適用されることがあります。また，クロスやフローリングの貼り替えのような内装の修繕・模様替であっても，シックハウス規制のような単体規定の適用を受ける場合もあります。このように，リフォームにも工事内容に応じて建築基準法の規定が適

用されますが，建築基準法の規定は複雑であるうえに詳細な仕様等は建築基準法施行令や告示等で規定されていますので，どのようなリフォームをすれば法令に適合した建築物になるか判断することは容易なことではありません。したがって，都道府県や市区町村であらかじめ規制内容を十分に調査したうえで，建材メーカーの材料の仕様についてもチェックする必要があります。また，工事内容によっては建築士に工事内容をチェックしてもらったり，設計・工事監理を依頼することも検討するべきでしょう。

4 建設業法上の問題点

1. 建設業法の概要
　建設業法は，建設業を営む者の資質の向上，建設工事の請負契約の適正化等を図ることによって，建設工事の適正な施工を確保し，発注者を保護するとともに，建設業の健全な発達を促進し，もって公共の福祉の増進に寄与することを目的とした法律です（1条）。

用語解説

○　「**建設業**」とは，
　　元請，下請その他いかなる名義をもってするかを問わず，建設工事の完成を請け負う営業をいう（法2条2号）。

○　「**建設工事**」とは，
　　土木建築に関する工事で，建築一式工事，大工工事，左官工事など法で定めた28種類の工事のことをいう（法2条1号）。

---

2. 建設業の許可
(1)　建設業の許可の種類（法3条1項）
　①　許可権者による区分
　　ⅰ）国土交通大臣許可
　　　　2以上の都道府県の区域内に営業所を設けて営業しようとする場合
　　ⅱ）都道府県知事許可
　　　　1の都道府県の区域内のみに営業所を設けて営業しようとす

る場合
　②　下請業者への発注金額による区分
　　ⅰ）特定建設業許可
　　　　発注者から直接建設工事を請け負った者が3,000万円以上（建設工事業である場合には4,500万円以上）の金額の工事を下請に発注する場合
　　ⅱ）一般建設業許可
　　　　上記ⅰ）以外の場合
(2)　建設業の許可の要否
　建設業を営もうとする者は建設業の許可を受けなければなりません。ただし，政令で定める「軽微な建設工事」のみを請け負うことを営業とする場合は，建設業の許可を受ける必要はないとされています（法3条1項）。
　①　「軽微な建設工事」とは，工事1件の請負代金の額（消費税を含む）が，
　　ⅰ）建築一式工事の場合にあっては，1,500万円に満たない工事または延べ面積が150㎡に満たない木造住宅工事
　　ⅱ）その他の建設工事の場合にあっては，500万円に満たない工事
　をいいます（令1条の2）。
　　したがって，これらに該当しない工事のみを請け負う場合には，建設業の許可は必要ないことになります。
　②　「建築一式工事」とは，総合的な企画，指導，調整のもとに建築物を建設する工事のことをいいます（法2条別表）。リフォーム工事は総合的な企画等を必要としない部分的な修繕や模様替のケースが多く，この場合は「建築一式工事」には当たらないので，500万円未満の工事であれば，建設業の許可は不要です。
　　リフォーム工事が「建築一式工事」に当たる場合であっても，

1,500万円未満の工事または木造住宅工事で150㎡（45坪）未満のものについては，建設業の許可は不要です。

③　法1条の「建設業を営む者」には建設業の許可を受けないで建設業を営む者も含まれるため，建設業の許可を要しない場合にも建設業法が適用されることに注意する必要があります。たとえば，建設業の許可が不要な場合であっても，請負契約の締結に際しては必要事項を記載した書面に署名または記名押印して相互に交付しなければなりませんし（法19条1項），建設業法に違反したり，建設業を営む者として不適切な振る舞いをした場合は，都道府県知事から指示処分，営業停止，営業禁止等の監督処分を受けることになります（法28条2項・3項，29条の4第1項）。

コメント

建設業法は，「建設業を営む者」と「建設業者」との2種類の言葉を使い分けていますが，次のような定義づけがなされています。

○「建設業」とは，元請，下請その他いかなる名義をもってするかを問わず，建設工事の完成を請け負う営業のことをいう（法2条2号）

○「建設業者」とは，3条1項の許可を受けて建設業を請け負う者をいう（法2条3号）。

したがって，建設業の許可を受けた者が「建設業者」であり，それ以外に建設業の許可を受けずに建設工事の完成を請け負う営業を行う者も含めて「建設業を営む者」ということになります。

建設業を営む者
- 建設業の許可を受けた者（建設業者）
- 建設業の許可を受けていない者
  - 建設業の許可が不要な者（軽微な建設工事を行う者）
  - 無許可業者

3．下請業者との関係
(1) 下請契約

　下請業者との契約は，元請業者を発注者とし，下請業者を受注者とする請負契約ですので，下請契約の締結に当たっても必要事項を記載した書面に署名または記名押印して相互に交付しなければなりません（法19条1項）。

表3　契約書に記載すべき必要事項

1．工事内容
2．請負代金の額
3．工事着手の時期および工事完成の時期
4．請負代金の全部または一部の前金払または出来形部分に対する支払いの定めをするときは，その支払いの時期および方法
5．当事者の一方から設計変更または工事着手の延期もしくは工事の全部もしくは一部の中止の申出があつた場合における工期の変更，請負代金の額の変更または損害の負担およびそれらの額の算定方法に関する定め
6．天災その他不可抗力による工期の変更または損害の負担およびその額の算定方法に関する定め
7．価格等の変動もしくは変更に基づく請負代金の額または工事内容の変更
8．工事の施工により第三者が損害を受けた場合における賠償金の負担に関する定め
9．注文者が工事に使用する資材を提供し，または建設機械その他の機械を貸与するときは，その内容および方法に関する定め
10．注文者が工事の全部または一部の完成を確認するための検査の時期および方法並びに引渡しの時期
11．工事完成後における請負代金の支払いの時期および方法

12. 工事の目的物の瑕疵を担保すべき責任または当該責任の履行に関して講ずべき保証保険契約の締結その他の措置に関する定めをするときは，その内容
13. 各当事者の履行の遅滞その他債務の不履行の場合における遅延利息，違約金その他の損害金
14. 契約に関する紛争の解決方法

(注) 建設リサイクル法の対象工事は4項目追加される。

(2) 下請負人の意見の聴取

　元請負人は，請け負った建設工事を施工するために必要な工程の細目，作業方法等を定めようとするときは，あらかじめ，下請負人の意見をきかなければなりません（法24条の2）。

(3) 下請代金の支払い

　元請負人は，請負代金の支払いを受けたときは，この支払いの対象となった建設工事を施工した下請負人に対して，支払いを受けた日から1か月以内で，かつ，できる限り短い期間内に下請代金を支払わなければなりません。また，元請負人は，前払金の支払いを受けたときは，下請負人に対して，資材の購入，労働者の募集等の建設工事の着手に必要な費用を前払金として支払うよう適切な配慮をしなければならないとされています（法24条の3）。

コメント

　リフォームは，工事代金400万円以下のものが大部分ですので，建設業の許可を受けていない業者でも大体のリフォームを行うことができます。そのため，建設業の許可を受けておらず，十分な技術や経験がない業者がリフォームを行うと，注文者との間でトラブルになることが多く見受けられます。最近では，リフォームに関する国の施策として住宅エコポイント制度，リフォームの減税制度・融資制度・補助制度等が導入され，また国の新成長戦略（2010年6月18日閣議決定）において，長期優良住宅の建設，流通システムの構築，リフォーム市場環境の整備等を図り，高齢者の資産の有効利用を図ること等を通じて，2020年までに中古住宅流通市場やリフォーム市場の規模を倍増させることを目標に掲げています。したがって，今後ますます建設業の許可を受けていない業者がリフォーム市場に参入し，悪質リフォーム業者とのトラブルが増えることも予想されます。

　このような一部の悪質リフォーム業者のためにリフォームに対する社会的評価が低下し，正常なリフォーム業者の業務に支障が生じることを回避する必要があります。そのためには，消費者に対して建設業の許可番号を示す，過去の施工実績を説明する，見積書は一式ではなく数量，単価を記入した詳細なものを作成するなど，消費者に信用してもらえるような対応をとる必要があるでしょう。また，リフォーム瑕疵保険の登録事業者となることも，消費者の信用を得るための一つの要素といえます。

5 区分所有法上の問題点

1.マンションに関する規制について

　マンションとは，わが国では，分譲集合住宅の意味で用いられていますが，マンション管理適正化法においては，「二以上の区分所有者が存する建物で人の居住の用に供する専有部分のあるもの並びにその敷地及び附属施設」（法2条1号イ）とされています。

　このようなマンションにおいては，区分所有者らの共用にかかる部分が存在します。もっぱら夫婦や親子などの親密な者同士の共有関係となる戸建住宅と異なり，特段の縁のない他人間の共有関係であるから，公平な調整が必要となります。そのために，建物の区分所有等に関する法律（以下，「区分所有法」という）が定められています。

　さらに，親密とは言えない多数の住民が長い間にわたり快適な生活をおくるには，住民間でマンションの維持管理や生活の基本的な決まりを定める必要があることから，区分所有者全員が当然に団体を構成することとされ，当該団体は管理規約を定めることができるとされています（区分所有法3条）。なお，実際に作成される管理規約は，国土交通省が発表しているマンション標準管理規約にならう例が多いと思われます。

　したがって，区分所有者からリフォーム工事の依頼を受けたリフォーム事業者は，区分所有法および管理規約に違反しないようにリフォーム工事を請け負い，施工する必要があります。

2.リフォームできる範囲
(1) 区分所有者からリフォーム工事の依頼を受ける場合

　　区分所有者とは，区分所有権を有する者です（区分所有法2条2項）。区分所有権の目的となる範囲は専有部分であり，専有部分以外は共用部分とされています（区分所有法2条3項，4項）。また，

区分所有権とは所有権のひとつであり（区分所有法1条），所有権者は所有物を自由に使用・収益・処分できることから（民法206条），区分所有者は専有部分に限って自由にリフォームでき，リフォーム事業者が区分所有者からリフォームを請け負える範囲も専有部分に限られることとなります。

このため，専有部分と共用部分の区別を把握しておく必要がありますが，この区別が容易ではありません。

(2) 専有部分と共用部分
　① 専有部分
　　専有部分とは，区分所有権の目的である建物の部分であり，区分所有法1条に規定する建物の部分で現に区分所有権の目的となっている建物の部分です。マンション標準管理規約における専有部分と共用部分の区別も，区分所有法と同様に区別されています。具体的には，204号室や1005号室といった住戸番号で示されたマンションの各住戸や，店舗，事務所，倉庫等として認識される部分が専有部分です。

　　以下，リフォーム工事において問題となりそうな点について説明します。

　　まず，専有部分の外縁となる，隣室との壁や天井，床といった区隔部分については，❶区隔部分はすべて共用部分と解する説，❷区隔部分はすべて専有部分と解する説，❸区隔部分の骨格をなす中身の部分は共用部分であるが，その上塗りの部分は専有部分に含まれるとするなどの諸説があります。区分所得者相互間の調整と建物の維持管理の点から，❸「上塗り説」が通説的見解となっています。

　　また，区分所有権の目的である建物のみならず，当該建物の部分に付合して一体となるものも専有部分となります（民法242条）。具体的には，各住居につながる水道管や排水管が問題とな

ります。この点について，最判平成12年3月21日（判時1715号20頁）は，区分所有者Xの住戸の専用に供される排水管がその階下の専有部分たる住戸の天井裏を通っている事案において，当該排水管が，区分所有者Xの支配管理下になく，排水本管と一体的な管理が必要であることを理由に，共用部分に当たるとした原審の判断を追認しています。

また，ベランダやバルコニー，テラスといった部分が専有部分といえるか必ずしも明確ではありません。ベランダ等が専有部分か共用部分かという問題は，適切な用法如何の問題と関連するとの指摘もありますが（「これからのマンションと法」丸山英気・折田泰宏編　日本評論社），本節で説明する裁判例に鑑みれば，共用部分と解される場合が多いように思われます。マンション標準管理規約も，バルコニーについては共用部分であることを前提に専用使用権を認める形で規定しています。

② 共用部分

共用部分には，法定共用部分（区分所有法4条1項）と規約共用部分（区分所有法4条2項）があります。どちらも共用部分であって専有部分ではありませんから，区分所有者が自由にリフォームできる部分ではありません。

区分所有法4条1項は，法定共用部分を区分所有権の目的とならない建物の部分として，「数戸の専有部分に通ずる廊下又は階段室その他構造上区分所有者の全員又はその一部の共用に供されべき建物の部分」と定めています。これらについては，管理規約によっても専有部分とすることはできません。このような共用部分のことを，構造上の共用部分といいます。反対に，共用部分であっても構造上の共用部分に属さない部分については，管理規約によって専有部分とすることができると解されています。このことから，管理規約によって専有部分とできる共用部分のことを，

性質上の共用部分といいます。

　区分所有法4条2項は，専有部分であっても，規約によって共用部分とすることができることを定めています。これを，規約共用部分といいます。ただし，管理規約によって専有部分とされているわけですから，どの範囲についてどの程度の利用・改造が許されているかは，管理規約を確認してリフォームを行う必要があります。

(3)　共用部分の緊急的な補修工事

　区分所有法18条1項ただし書は，各共用部分の保存行為は区分所有者ができると定めています。ここでいう保存行為とは，集会の決議を要せずに各区分所有者が単独でなし得る行為であることから，共用部分を維持する行為のうち，緊急を要するか，または比較的軽度の維持行為であると解されています。たとえば，金額でいうと，月々の管理費で賄える程度のものであり，修繕積立金を取り崩すようなものは該当しません。もっとも，現在の管理費の額が当初より据え置かれたままであったり，管理費が極端に低い場合も予想されますので，実際には個別に判断せざるを得ません。

　また，窓枠や窓ガラス，玄関扉の錠と内部塗装部分以外の部分は，防犯，防音や断熱等のマンション全体の性能に影響する部分であることから共用部分とされており（マンション標準管理規約7条参照），マンション標準管理規約22条1項では，原則として，他の共用部分と同様に計画修繕の対象とする旨を定めています。ただし，同2項では，管理組合が計画修繕を速やかに実行できない場合には，当該工事を各区分所有者の責任と負担に置いて実施することについて細則を定める旨を規定しています。これは，防犯性能の向上，結露から生じるカビやダニへの対策，シックハウス対策等，一棟全体ではなく一部の住戸のみに緊急かつ重大な問題が生じる場合にそなえて，管理組合および区分所有者に細則を定めるよう自覚を

促すための規定です。したがって，窓枠や窓ガラスのリフォーム工事をする場合，細則があるかどうか，あるとすればどのようなリフォーム工事をなし得るのかも確認する必要があります。たとえば，断熱効果を高めるための内窓の設置は，窓枠に影響を及ぼすような工事であれば，窓枠の改良工事となる場合があります。工事内容によって異なるため，リフォーム工事前に確認しておくことは重要です。

(4) まとめ

以上のことから，区分所有者がリフォームできる範囲は，❶専有部分の内で管理規約によって共用部分とされていない部分と❷性質上の共用部分の内で管理規約によって専有部分とされている部分であり，例外的にこの❶・❷以外の部分もリフォームできる場合がある，ということになります。

具体的に，どのような部分が専有部分や共用部分となるかは，次の表1-19が目安として参考になりますが，専有部分と共用部分の区別は，区分所有者の排他的支配権を認め市場性を与えるべきか，共益的観点から制限を加えるべきかという比較によって定まることから，すべてが明確に判断できるものではありません。

表1−19　専有部分と共有部分の区分の明細

区分所有法に よる区分	専有部分			規約共用部分	
	明確な部分	専有部分ではあるが、規約共用部分とした方がよいと思われる部分	専有部分と思われがちであるが、規約共用部分に含めた方がよいと思われる部分	あいまい	
対象部分	住戸内の躯体以外の部分 ・躯体以外のモルタル塗 ・内装間仕切壁 ・床・壁・天井の内装 ・玄関ドアの室内側塗装	室内部分の防災感知器 室内部分の防災発信器 専有に属する配線・配管類（メーター後の室内配線・配管類） 共用ダクトまでの室内ダクト（換気ダクト等）	ガラス 建具金物 網戸	専用庭 玄関ドア枠 窓枠 玄関ドア ガラス窓 玄関錠前	
		室内防水（浴室等）※1			
使用区分	占有使用	専用使用	専用使用	専用使用	
費用負担区分	各所有者	原則として各所有者（管理組合の関与がある）			
管理区分	各所有者				
所有区分	占有				
備考	※1．室内防水の区分はどちらかといえば専有に属するが論議のわかれるところ。 ※2．ピロティは、建物形態により専用使用されている場合がある。				

共用部分			
	法定共用部分		
な部分	専有部分や規約共用部分と混同されやすい部分		明確な部分
管理人室 管理人居住室 集会室 宿泊室 電気室（変電置場として電力会社への貸与室） 機械室 附属別棟建物（管理棟・機械棟・集会所）	バルコニー ベランダ ルーフテラス	ピロテイ※2 屋内駐車場 屋内駐輪場 エレベーター機械 受水槽・ポンプ 高架水槽 浄化槽 防火・防災設備 ゴミ置場 避雷針 アンテナ 避難器具 専有に属しない配線・配管類 集合郵便受 共用水栓 管理事務室※3	構造躯体 玄関ホール ロビー・ホール 階段室 屋外避難階段 廊下 地下室 塔屋（エレベーター機械室） エレベーター昇降路 屋上 避難通路 非常口 受水槽 ポンプ室 パイプスペース メーターボックス 共用便所
共用使用	専用使用	共用使用	共用使用
管理組合			
管理組合			
共有			

※3．管理事務室は一般に法定共用部分とされるが，規約共用部分とすることが望ましい。
※4．正式には「規約に定めた共用部分」といい、管理組合規約で定め、登記することが望ましい。

出所：(社) 日本建築家協会・編著「新・マンション百科―建築家によるトータルメンテナンス」(鹿島出版会) 44，45頁

3. リフォーム工事の手続き

　専有部分をリフォームするためには，廊下やエレベーターなどの共用部分を，区分所有者が日常生活以外の目的で使用することになります。その際，重い荷物を頻繁に運び入れたり，日常生活で生じる以上の騒音を出したりすると，これが他の住人の迷惑になることは容易に予想がつきます。そこで，通常，マンション管理規約には，リフォームを含めた専有部分の修繕等をする場合は，理事長へ申請し，理事会の決議を経た後，書面による承認を得ることが要件とされ，申請時の添付書類として設計図，仕様書および工程表が必要とされています（マンション標準管理規約17条）。

　多くのマンションにおいて，同じように定められていると思われますので，管理組合や理事長にリフォーム工事を行う旨を伝え，手続きを確認しておく必要があります。万が一，このような管理規約が定められていなくても，管理組合，リフォーム工事をする住戸の両隣りや階下の住人には，挨拶と工程の説明をしておくべきでしょう。

4. マンションリフォームに関する紛争の具体例（判例）

No.1　ベランダの温室化（最判昭和50年4月10日判時779号62頁）

① 事案の概要

　これは『被告（区分所有者）が自室部分のバルコニーの手すり用障壁の上に木製およびアルミサッシ製の枠を付設し，これにガラス戸をはめ込んで窓を設置し，隣のバルコニーとの境の仕切り板の左右の隙間をベニヤ板でふさぎ，その上部に回転窓を取りつけ，壁面と天井の全面に発泡スチロールを張りつめて，バルコニーを温室に改造したため，原告（管理組合）は建築協定違反を理由に，工作物撤去による原状回復を求めた』事案です。

> **結論** 建築協定に違反する工事を行った違反組合員に対する違反工事部分の撤去請求を認めました。

② 裁判所の判断

　原審（東京高判昭和47年5月30日判時667号10頁）は，『ベランダ・バルコニーは共用部分である』とし，❶美観保持，❷構造上の安全保持，❸避難通路としての効用保持を理由として広範な利用制限を是認し，その上告審（本件最判）でもこれを追認しています。

③ 実務上の対応

　本件最判や原審とは異なり，第一審（東京地判昭和45年9月24日判時606号16頁）は，建築協定においてベランダの改築を禁止した理由は，建物の美観保持，ベランダの安全保持，ベランダの避難路としての効用保持にあるとして，ベランダを避難路として使用する隣室の住人もこれを承認していることを考慮して，被告の行ったベランダの改造は，建築協定で禁止されている改築までには至っていないと判断しました。

　第一審は，ベランダが共用部分か否かまでは判断していませんが，専有部分と解してその制約は最小限にすべきとしています。他方，原審や本件最判のように共用部分であると考えれば，管理組合による広範な制約を認めやすいと思われます。もっとも，専用部分と解しつつも，外壁の一部をなすことや緊急避難経路となる場所であることを考慮して，広範な制約を認める考え方もあります。

　いずれにしてもベランダやバルコニーのリフォーム工事をする場合は，管理組合に事前に相談することが必須といえます。

　なお，ベランダとバルコニーはしばしば混同されて用いられて

いますが，比較的広く用いられる用法としては，ベランダは各戸に共通して存在し間仕切りのあるものをいい，バルコニーは各戸専用のものをいいます。本件は，当該用法に従えば，ベランダに該当する事案であるといえます。

No.2　バルコニーへのＢＳアンテナの設置（東京地判平成3年12月26日判タ789号179頁）

① 事案の概要

　これは『被告（区分所有者）が昭和63年6月にバルコニーにパラボラアンテナを設置したが，管理組合は，平成元年2月の臨時総会で，共同パラボラアンテナを設置すること，個人で設置したアンテナは個人の費用で撤去することを決議した。しかし，被告は，個別アンテナの撤去を拒否したため，管理組合が規約違反，総会決議違反を理由に個別アンテナの撤去等を求めた』という事案です。

　なお，本件マンションにおいて，問題となったパラボラアンテナより大きなエアコン室外機をバルコニーに設置することは禁止されていません。

> **結論**　原告（管理組合）からの共同アンテナ設置に伴う個別アンテナの撤去請求を認めました。

② 裁判所の判断

　裁判所は，本件バルコニーが，区分所有法2条4項にいう「専有部分以外の建物部分」にあたり，被告の専有が許されている共用部分と判断しました。

　そして，『被告が昭和63年6月に個別アンテナを設置したこと

は，当時共同アンテナが設置されていなかったこと等から一応規約の「通常の用法」内にあったと考えられるが，「バルコニーとしての通常の用法」であるか否かは固定的なものではなく，その後の社会状況の変化，本件マンションの持つ条件の変化により変動する』と述べたうえで，❶共同アンテナにより衛星放送を受信できること，❷本件バルコニーは共用部分であって，被告は専用使用を許されているにすぎないこと，❸ＮＨＫ等で構成するテレビ受信向上委員会発行のパンフレットでも個別受信には管理者の承諾が必要とされていることから，共同アンテナが設置されて以降は，個別アンテナを設置することは規約違反となったと判断しています。

③　実務上の対応

エアコンの室外機をベランダに設置することは容認されているのに，それよりはるかに小さいアンテナの設置がなぜ許されないのかと疑問が生じないでもありません。しかし，本件マンションではバルコニーへの室外機設置は当初から予定されており，いわば区分所有者全員の承認するところといってよいのです。総会決議で否定されたアンテナ設置と同列には論じられません。

このような事情は，管理組合に確認しないとわからない事柄であることからも，リフォーム工事前に管理組合に確認することが重要です。

No.3　外壁の開口（東京地判平成3年3月8日判時1402号55頁）

① 事案の概要

これは『湯沸し器が故障したため，被告（区分所有者であり一級建築士でもある者）が共用部分である壁柱に二つの貫通孔を設けて給水・給湯管やガス管を通し，壁柱にバランス釜を取り付け

た。そこで，管理組合が，区分所有法6条1項の「建物の保存に有害な行為」にあたるとして区分所有法57条1項により保存行為として復旧工事を求めたほか，不法行為による損害賠償を請求した』事案です。

> **結論** 配管やバランス釜等の撤去，貫通孔の原状回復および弁護士費用の請求を認めました。

② 裁判所の判断

　裁判所は，『区分所有法57条によりその行為の結果の除去を求める行為は建物の保存に有害な行為に限定されておらず，区分所有法17条1項は共用部分の変更は集会の特別多数決議で決すると定めていることから，たとえ区分所有者が建築の専門家であっても，独自の判断により悪影響を及ぼさないとの結論を下して共用部分に変更を加えることは認められない，現実には建物に有害でないとしても，共用部分に変更を加えること自体，有害となるおそれがあるため，建物の管理または使用に関し，区分所有者の共同の利益に反するということができる（区分所有法6条1項）』と判断しました。

　また，『元の所有者が設置した湯沸し器が爆発するなどの故障があったとしても，❶被告は風呂の使用には支障があることを知りながらマンションを購入したこと，❷被告がバランス釜を設置する頃には，管理組合はガス会社から警報機とストッパーを取り付ければ既存の湯沸し器を継続使用してもよいとの回答を得て，マンションの廊下側に新製品のガス器具を設置し，廊下側の壁に排気孔を設ければよいとの解決策も確認していたこと，❸その頃，これらを各区分所有者に知らせたのに，被告は本件バランス釜の設置等を強行したことから，被告によるバランス釜の設置等

は正当化されない』と判断しています。

③ 実務上の対応

　当該マンションの住人の多数が，リフォームを依頼する住人に嫌がらせをしているような異常な場合には，本件とは異なった結論になる可能性も考えられますが，そのような事情を外部から判断することは現実的には不可能です。

　マンションのリフォーム工事において，管理組合に対して事前に確認することの重要性を実感できる判例といえましょう。

コラム　リフォーム前の挨拶で近隣トラブルを防ぐ！

　20戸ほどのマンションであれば，住民の中で派閥ができることが，ままあります。管理業務の上手でない住民が理事長になると，マンション管理に支障を来します。理事長が管理費を不正に使うこともあります。管理費を納められない住民が多くなると，そのような住民に優しい理事長が権勢をふるい，まじめに管理費を納める住民がわりを食う場合もあります。エスカレートすると，住民間でマンション管理権限の奪い合いのような事態にまで至ります。このような状態のときに，マンションでリフォーム工事に伴う漏水や騒音などが起きると，その紛争解決は容易ではありません。

　また，リフォームとは関係ありませんが，マンションの住人間で騒音が問題となった有名な事件として，古いものではいわゆるピアノ騒音殺人事件があげられます。これは，階下におけるピアノの音がうるさいとして階下の家族3人を殺害した犯人に死刑が言い渡された事件です。平成20年10月には，上階の住

人の足音がうるさいとして，同住人にナイフで切りつけた男が逮捕される事件も報道されています。平成21年12月1日には，東京都国分寺市において，「国分寺市隣人トラブルの防止及び調整に関する条例」が施行されました。この条例は，分かりやすくいうと，たとえば，上階の住人の足音がうるさいと言って過度な反撃（具体例として，つきまとい，無言電話，動物の死骸の送付などが規定されています）を加える住民に対する対策を定めた条例です。

　他方，日常生活を送るうえで，何らかの音が出ることは避けられません。不法行為の場面では，受忍限度の範囲内の音であれば，不法行為とならないとされており，リフォーム工事の音が不法行為となるかどうかも同様に判断されます。

　リフォーム工事をする場合，周囲の区分所有者や住人に対して，騒音や振動の迷惑を掛けないよう配慮することは非常に重要ですが，反対に，行き過ぎたクレーマーには毅然と対処する必要があります。このような難しい判断をしなくて済むよう，リフォーム工事を始める前には，管理組合と近隣住人への挨拶と説明は欠かさないようにしましょう。先に挨拶しておくことで，近隣住人の様子を知ることもできます。

第2章
契約段階

1 特定商取引法による規制

訪問販売の形式で契約するリフォーム工事業者は特定商取引法に基づく規制を遵守しなければなりません。

以下，訪問時，勧誘時，契約時においての遵守事項を説明します。

1．訪問時の注意事項
(1) 特定商取引法上の義務
① 氏名等の表示義務（法3条）

訪問販売しようとする者は，その勧誘をするのに先立って，相手方にその旨が明らかになるように一定事項を告げ，相手方が商品の購入等の勧誘を受けているという明確な認識を持ち得るようにしなければならないとされています。

これは下記の(2)「勧誘受諾意思確認義務（法3条の2第1項）の前提として義務付けられたものであり，氏名，勧誘目的であることをインターホンで開口一番告げなければなりません。

勧誘目的の具体的な告げ方は，以下のとおりです。

> 「水道管の無料点検に参りました。損傷等があった場合には，有料になりますが修理工事をお勧めしています」
>
> （※）ただし，無料点検を格別に強調している場合には勧誘をする目的である旨を告げたことにはならない。

② 勧誘受諾意思確認義務（法3条の2第1項）
＜平成20年改正により規定されたもの＞

具体的には❶訪問販売をしようとする販売業者（電話勧誘販売は従来から対象となっていた）または役務提供事業者が，❷訪問販売をしようとするときに，❸消費者がその販売業者等の行う勧誘を受け入れる意思があることを確認する義務が規定されていま

す（※具体的な契約締結の勧誘行為に入るまでに行う必要があります）。

ただし，努力義務（法3条の2第1項）であって，法的制裁や不利益を受ける義務ではありません。

(2) 事例研究（判例）

> 政党のビラをマンションの各住戸に配布するために玄関ホールから入った行為について住居侵入罪が成立するとしたもの
> （最判平成21年11月30日　最高裁ＨＰより）

① 事案の概要

これは『特定の政党に関連するビラをマンションの各住戸に配布するために玄関出入り口を開けて玄関ホールに入りエレベーターに乗って7階に上がり，各階廊下と外階段を通って3階までビラを投函した行為について住居侵入罪（刑法130条前段）により起訴された』事案です。

> **結論** 法益侵害の程度は極めて軽微なものであったとはいえないとして住居侵入罪の成立を認めました。

② 裁判所の判断

1階店舗・事務所部分への入口と2階以上の住居部分への出入り口とは完全に区分され，玄関ホールには「敷地内に立入，パンフレットの投函などは厳禁」などの張り紙があるマンションの1階廊下からエレベータに乗って7階に上がり，7階から3階までビラを投函した者について，『本件立入行為が本件管理組合の意思に反するものであることは明らかであり，被告人もこれを認識

していたものと認められる。そして（中略）法益侵害の程度が極めて軽微なものであったということはできず，他に犯罪の成立を阻却すべき事情を認められないから，本件立入行為について刑法130条前段の罪（住居侵入罪）が成立するというべきである』と判断しています。

③　実務上の対応

本件においては政治的思想信条が明確に出ているものであり，「居住者の意思に反しているか否か」を重視する判例の立場からすれば予測できる結論です。

この点，違法セールスについてまったく同様には考えられませんが，少なくともオートロック付マンションにおいては居住者の了解がない限り入室は控えるべきでしょう。

2．勧誘時の注意事項

特定商取引法は平成20年改正により，新たな規制が加わっていますので，この点についてはとくに注意が必要です。

(1)　拒絶者に対する勧誘継続・再勧誘の禁止（法3条の2第2項）
＜平成20年改正により規定されたもの＞

「契約を締結しない旨の意思表示」があった場合には，継続勧誘ならびに再勧誘が禁止されています。

①　「訪問販売お断り」「訪問勧誘お断り」などのお断りステッカーは，意思表示の対象や内容が不明瞭であるため「契約を締結しない旨の意思表示」には該当しないとされています。この点については，経済産業省審議官の国会審議において「相手を特定しておらず，どのような契約締結の勧誘がなされようとしているかも特定していない状態での意思表示であるから不十分」との発言がなされています。

この発言を反対解釈する限りにおいては，特定の販売業者との

間では一切の契約締結をする意思がない旨が表示されている場合，たとえば「リフォーム業者お断り」については，「拒絶の意思表示」と解釈される可能性は十分にあります。
②　「いりません」「関心ありません」「お断りします」「結構です」「間に合っています」は明示的に契約締結意思がないことを表示した場合に当たりますが，「今は急がしいので後日にして欲しい」はその時点での拒絶なので，「契約しない旨の意思表示」に該当しません。

　なお，従来消費者が被害にあったケースとして，「結構です」と消費者が発言した場合に，消費者が「承諾した」と一方的にみなして業者が契約の成立を主張するケースがありましたが，「結構です」は否定の意思表示として十分に一般的であり，契約締結の意思がないことを明示的に表示していると考えるべきです。

　また，「浄水器はいりません」という意思表示は広く浄水器全般について契約を締結しない旨の意思表示になります。また，台所リフォームにかかわる勧誘をしたが「うちはリフォームをしません」という意思表示がなされた場合は，台所のみならずリフォーム工事全般について契約をしないという意思表示であると解釈されます。

③　禁止行為の対象となる継続勧誘・再勧誘
　その販売業者が扱う商品などについて一切の契約締結の意思がない旨を表示した場合には，他の商品も含めた一切の契約締結の勧誘が禁止されます。

　ある特定の契約について拒絶の意思表示をした場合には，その契約の勧誘は禁止されます。

④　勧誘禁止期間
　どの程度の期間に渡って禁止されるかについては，明文規定がありません。

それは訪問販売の対象となる商品・権利・役務が多種多様であるところから，商品等の寿命期間によって禁止される期間が異なることによります。

　　たとえば，商品の寿命が長いものについては，一度拒絶された場合には長期間禁止の対象になりますが，逆に寿命の短いものについては，禁止される期間は短くなります。

　　数か月から1年単位での契約が通常の商品等については，その期間が経過すれば別の商品等の契約と考えられますので，新たに勧誘することができます。

　　その一方で，リフォーム工事のように最低でも数年，場合によっては10年単位でしか行われないような役務については，かなり長期間に渡って拒絶の効力が働くであろう（日弁連消費者問題対策委員会編「改正特商法・割販法の解説」53頁参照）との見解もあります。

　　勧誘禁止期間中は改めて訪問して勧誘すること（再勧誘）が禁止され，同一会社の他の勧誘員が勧誘を行うことも同様に禁止されます。

　　よって，訪問記録を整備して会社全体で対応する必要があります。

⑤　違反の場合

　　当該規定に違反した場合には，大臣からの指示処分（法7条），業務停止命令（法8条）を受けることとなり，なおかつこの処分・命令に違反した場合には罰則があります（法70条の2，72条1項2号）。

(2)　勧誘に際して禁止される行為

　　勧誘そのものは継続できるとしても，消費者契約法に規定された禁止行為が，特定商取引法においても禁止されています。

①　禁止行為の具体的な内容（6条）

以下の行為は消費者への適正な情報提供の観点から不当行為として，禁止の対象となります。

ⅰ）売買契約等の締結について勧誘を行う際，または締結後，申込みの撤回（契約の解除）を妨げるために，事実と違うことを告げること（不実告知）

（例）

- 「今だけ特別キャンペーン価格」と言いながら実際にはそれが通常価格であるような場合，「よそでは高くつくが，うちなら低価格でできる」と言いながら実際にはそういった価格は存在しない場合
- クーリング・オフを申し出た顧客に対して「個人的な都合によるクーリング・オフは認められません」「違約金を支払ってもらう。これは法律で決まっている」「工事をすでに始めたので解除できない」「申し込んだ以上すでに資材の手配をしているので撤回はできない」と言うこと
- 事実に反して住宅リフォームの勧誘において「床下が腐っていてこのままでは家が倒れてしまう。床下換気扇の設置が必要」「屋根が一部壊れている。このままにしておくと雨漏りをする」と言うこと
- 事実に反して給湯器の販売勧誘において「不具合が発生している，このまま使用し続けると発火して火事になるかもしれない」と言うこと
- 事実に反してガス漏れ警報機の販売勧誘において「経済産業省が設置するように決めた」と告げること
- あたかも訪問したマンションの管理会社と契約している業者であるかのように告げること

ⅱ）役務の内容や商品の性能・価格・数量等について故意に告げないこと
　（例）

> ・床下換気扇の訪問販売において，3台設置すれば十分なところ，それを告げずに10台分の契約書を差し出したので消費者が適正設置台数を10台と認識したような場合

ⅲ）脅して困惑させること
　（例）

> ・消費者が断っているにもかかわらず帰らない（「長時間の居座り」も含む），あるいは消費者が内心断りにくいような状況をつくり，商品等を購入させるような場合

ⅳ）訪問販売の勧誘であることを告げずにキャッチセールすること
　（例）

> ・訪問販売の勧誘が目的であることを告げずに営業所等の特定の場所に誘引し，勧誘を行うこと

② 禁止行為に該当した場合の取消権（法9条の3）

　上記不実告知を行い，告げられた内容が事実であると誤認した場合，同じく故意に事実を告げず，申込者が事実が存在しないと誤認した場合には，申込者に取消権が認められます。

　取消権の行使期間は，追認可能な時から6か月，かつ，契約時から5年以内です。

　たとえば，シロアリ駆除を行っている事業者が実際にはシロアリがいないにもかかわらず，消費者に対して「この家はシロアリに犯されており，このままでは倒れてしまう」と告げ，その消費

者が「自分の家がシロアリに犯されている」という認識を抱いた場合は，契約時から5年以内で，誤認していると判明した時から6か月以内であれば取消しができるとされています。

　ただし，申込者が取消権を行使できるのは，上記 i ）の「不実告知」と同じく上記 ii ）の「故意の不告知」だけであり，上記 iii ）の「威迫困惑」（法6条3項）の場合は取消しができません。

3．契約時の注意事項
(1)　クーリング・オフ（法9条）

　訪問販売によるリフォーム工事契約については，訪問販売の形式がほとんどなのでクーリング・オフの適用を受け，消費者からクーリング・オフの権利行使を受けることを十分に念頭に入れておく必要があります。

　クーリング・オフの要件ならびに効果を十分理解したうえで，クーリング・オフの適用を受けないのはどのような場合なのか，また，誤った理解による説明によって権利行使できる期間が長期化しないよう，留意する必要があります。

① 　特定商取引法に基づくクーリング・オフの要件

　以下の要件を満たす場合にクーリング・オフの権利行使（書面による撤回・解除）が認められます。

> i ）法2条1項が定義する訪問販売であること
> 　たとえば，販売業者または役務提供事業者が，購入者等に対し，営業所等以外の場所において行う取引（1号），キャッチセールスやアポイントメントセールス等（2号）(※)
> ii ）契約の申込または締結をする際の法定書面を受領した日から8日以内であること

　（※）　店舗以外の場所で声をかけ店舗等に誘引した者（特定顧客）と契約した

場合などがキャッチセールスに当たり，電話やはがき等で店舗に呼び出した者（特定顧客）と契約をした場合などがアポイントメントセールスに当たる。

　平成20年の改正により，従来の指定商品および権利は原則として廃止されたため，従来指定商品として限定されていなかった「住宅」もクーリング・オフの対象となっています。

　宅建業者が販売した場合には，宅建業法37条の2によるクーリング・オフが従来から認められていましたが，請負契約の場合はこの改正前まではクーリング・オフの対象とはならなかったのです。しかし，指定制度が廃止され，住宅もクーリング・オフの対象となったことで，新築住宅の請負契約を訪問販売の形式で契約した場合には，クーリング・オフの対象となりました。ただし，これはごく稀なケースだと思います。

　法定書面とは，特定商取引法4条および5条，同法施行規則3条および4条記載の事項を書面上に記載されているもの（「第4　書面の特記事項」参照）をいいます。

　記載事項のうち「契約の解除に関する事項」すなわち，「クーリング・オフの要件および効果」の記載の仕方については，赤枠・赤字8ポイント以上の活字で記載しなければなりません（令5条）。

　また，通達においては，クーリング・オフについては必ず口頭で説明するよう指導するように，都道府県に対して要請しています。

　ただし，16年改正により「虚偽の説明，威迫があった時は改めてクーリング・オフができる旨記載した書面を交付した時から8日間」となるので，間違った説明をした場合には，再度書面の交付が必要となります。

　書面は8日目に発送すればよいのであって，8日目までに到達する必要はありません（到達主義の例外　法9条2項）。

② 　クーリング・オフの効果

　有効なクーリング・オフの権利行使がなされた場合には，以下

の効果が生じます。

> ⅰ) 契約の効力が消滅する
> ⅱ) 損害賠償および違約金支払義務は発生しない（法9条3項）
> ⅲ) 販売業者負担による原状回復義務（法9条4，7項）が生じるので，取付工事により壁に穴を空ける，取り外す，地面を掘り直した時は，施主が希望すれば無償で修復工事をしなければならない
> ⅳ) 受領した代金の返還義務が生じる
> ⅴ) 商品を利用した利益（20年改正による）や提供済みのサービス（取付工事費など）に対する費用の請求はできない（5項）
> ⅵ) 入会金などを受領している場合も返還義務を負う（6項）

なお，法律に規定されているクーリング・オフの内容を，申込者等に不利な内容に特約をもって変更することができないとされています（8項）。

③ クーリング・オフの適用が除外されるもの

特定商取引法においてはクーリング・オフの適用除外が認められるケースが複数規定されていますが，リフォーム工事契約に関

> ⅰ) 契約者が営業のためにもしくは営業として締結する取引（法26条1項1号）

連するものは以下のとおりです。

クーリング・オフはあくまで悪徳飛び込みセールスに対して消費者を守るための制度ですので，営業目的の取引については適用除外となります。

なお，❶自宅で理髪店を営む者が訪問販売業者の勧誘により多機能電話器を購入設置した契約につき，業者の指導により契約書面上に理髪店の屋号を記載したとしても，業務用に利用することはほとんどなく自宅用のものであると認められる時は「営業のために」する取引にあたらないとしたもの（越谷簡判平成8年1月22日消費者法ニュース27-39），❷自動車の販売・修理の会社に対し訪問販売業者が欺瞞的な勧誘方法により事務所に設置する消火器を販売した事案について「自動車の販売・修理を業とする会社にあって，消火器を営業の対象とする会社ではないから，・・・営業のためもしくは営業として締結したものではない」と判断し，クーリング・オフの適用を認めたもの（大阪高判平成15年7月30日消費者法ニュース57-154）とがあることから，必ずしも契約の名義のみから適用除外が判断されるものではないことに注意する必要があります。

> ⅱ）住居での取引を請求した者に対する訪問販売（法26条5項1号）（請求訪販）

(イ) このような場合には，消費者側に訪問販売の方法によって商品などを購入する取引意思があること，またかような場合には従前からの取引関係があるのが通常であり不意打ちのおそれがないと考えられます。

　ただし，通達においては「工事の見積をしてほしい」「カタログを持ってきてほしい」「あの商品の説明に来て欲しい」など住居において商品を購入する意思が一応あると認められる場合を含みますが，❶消費者の問い合わせに対して販売業者側で訪問して説明することを積極的に申し出た場合，❷カタログなどを送付して欲しいと消費者が請求したところ販売業者が住居へ持参して説明した場合，❸事業者が電話などで

これから訪問して説明したいと申し出たことに対して消費者が承諾をして訪問する場合，は適用除外となりません。

これに対して，第1回目に訪問販売して勧誘が終了した後に，消費者側から別の機会に改めて契約のための来訪を求めた場合には，2回目以降は原則として適用除外となりますが，訪問勧誘の場で2回目以降の訪問を約束する場合には，適用除外にはならないとされています。

(ロ) チラシや郵便を見て消費者が訪問を請求した場合は，原則として主体的な請求と評価されますが，チラシや郵便の内容が「料理教室を開くため台所をお借りしたい」「高性能掃除機のモニター求めます」等販売目的を隠して訪問を消費者に請求させた時は，「消費者の取引意思」があらかじめ存在していたとは言えないことから，請求にはあたらないとされています。

(ハ) 消費者が台所の水漏れの修理を要請し，その修理のために販売業者等が来訪した際に，台所のリフォームを勧誘された場合は適用除外にあたりません（経済産業省通達05年8月10日改正）。

(ニ) また，消費者の知人等が商品の説明等を聞いてみないかなどと持ちかけ，消費者がこれを承諾したのを受けて事業者が来訪した場合も，主体的な請求があったとは言えません。

化粧品の訪問販売を行った者が，「知り合いの着物屋が来ているので一度見てみたら」と誘い，消費者がこれを承諾したので呉服販売業者が訪問した事案において，『販売業者と消費者との間に平常から呉服の取引があり，また，消費者は予め訪問販売の方法によって呉服を購入する意思があったとは認められない』と判断しています（仙台簡判昭和59年6月14日　ＮＢＬ582号52頁）。

> ⅲ）得意先訪問
>
> 　たとえば，1年以内に1回以上の取引があった顧客に対して住居を訪問して行う取引（法26条5項2号，令8条2，3号等）

　このような場合には，顔なじみであることが多く，消費者にクーリング・オフの権利を認める必要性に欠けます。

　なお，同一業種であれば同一種類の商品でなくてもよいとされています。たとえば，自動車販売と不動産販売（経済産業省通達）で，宝石販売と健康布団販売（福岡高判平成11年4月9日）は同一業者とみなされ，クーリング・オフの対象にはなりません。

> ⅳ）壁紙などの消耗品（法26条4項1号　政令別表3の七）

　壁紙については，消費者が「使用または消費」して「価値が減少する」おそれがある，いわゆる消耗品として，政令で定めたものとして適用除外となり得ます。

　ただし，交付した書面に「クーリング・オフできない」旨の記載がなされていなければなりません。

　クロスの張り替え工事まで実施すれば，商品と役務が一体化しているのでクーリング・オフできるとの見解がありますが，ケースバイケースであろうと思われます。

(2) 事例研究（判例）

> №1　「契約の解除に関する事項」の記載漏れがあったことから，工事完成後でもクーリング・オフを認めたもの
> 　（東京地判平成6年9月2日　判時1535号9頁）

① 事案の概要

これは『平成5年5月28日に契約したリフォーム工事請負契約に基づいて7月8日に工事が完了したにもかかわらず代金（184万8,000円）を支払わない施主に対して工事業者が支払請求訴訟を提起したところ，訪問販売法（現特定商取引法）第5条規定の「契約内容を明らかにする書面」の絶対的記載事項（施行規則6条）である「契約の解除に関する事項」の記載漏れがあったことから，訴訟提起（平成5年8月）から半年経過した平成6年2月4日（契約締結から8か月経過後）に，被告である施主が従前の主張を撤回してクーリング・オフを行使して支払を拒絶した』事案です。

> **結論** 訪問販売法5条の書面が交付されていない以上，クーリング・オフの権利は留保されており，本件において留保されているクーリング・オフをする権利を行使したことは権利の濫用にあたらないとして，施工業者の代金支払請求を認めませんでした。

② 裁判所の判断

　裁判所は『本件取引は，紹介者である第三者Aの見積金額に対して施工業者がこれを下回る金額で締結したものであり，その後Aらしき人物が代金の一部を詐取したもので，代金支払いのトラブルについては施工業者が原因を作り出したということもできるので，施主のクーリング・オフは権利濫用には当たらない』と判断しています。

No.2　高齢者との契約において契約書などが法定書面に該当しないと判断されたもの
（東京地判平成7年8月31日　判タ911号214頁）

① 事案の概要

　これは『X（増改築業者）は平成5年3月7日，Y（84歳　翌6年10月25日に禁治産宣告（現在は「成年後見」という）を受けた。本件裁判は後見人が担当している）との間で代金175万円の屋根改装工事の契約をしたところ，Yが3月21日に契約を解除する旨を通知したことから，Xは注文者による解除（民法641条）に基づき176万5,080円の損害賠償請求をした』事案です。

> **結論**　交付された書面は法定書面に該当せず，クーリング・オフの期間は進行しないからYの解除の意思表示は有効であるとしてXの請求は認めませんでした。

② 裁判所の判断

　これに対して裁判所は，『Yは意思能力の欠如のほか，訪問販売法（現特定商取引法）第6条第1項第1号にいうところの同法第5条の書面に本件契約書は該当しないとしてクーリング・オフ期間が進行しないこととする契約の解除を主張したところ，裁判所は「契約締結当時，Yは契約するだけの意思能力があったが，本件契約書及び工事内容確認書において，<u>工事確認書には工事額もしくは契約金額として175万円という記載はあるが，商品の販売価格と役務の対価の記載はないこと，また，商品の販売価格及び役務の対価の支払時期，商品の引渡及び役務の提供時期，商品の数量等の記載が無く，法律の所定の記載事項に不備があり</u>，Yは意思能力がなかったとは言えないまでもいわゆる老人性痴呆症により通常人よりは判断能力が劣っていたことが認められるから，クーリング・オフの規定など契約書の約款を十分に理解する能力があったかどうかは疑いであり，Xの従業員が契約書の内容

を十分に説明した形跡は伺えないこと，Yに「待って欲しい」と言われたのにもかかわらず契約を締結しており判断力の乏しい老人を狙ったとも言える取引方法であることを考慮すると，契約書及び工事内容確認書は法6条1項1号にいう5条の書面に該当しないというべきである」として，「法第6条第1項に基づく解除（クーリング・オフ）の期間は進行しないというべきであるから解除の意思表示は有効である」』と判断しました（なお条文は現在の特定商取引法の条文に基づく）。

No.3 「一式」という金額の記載の仕方では法定書面に該当しないとされたもの
（東京地判平成5年8月30日　判タ844号252頁）

① 事案の概要
　これは『X（施主）は，自宅に訪問してきたY（建築一式工事等の設計監理施工ならびに内装および外装用建築資材の販売等目的とする会社）の従業員との間で平成4年6月13日工事アルミサイディングの取付工事（付帯販売契約）の契約をし，工事完了後Yに対して上記代金の内350万円を支払い，残金23万円を同月20日限り支払うことに合意し，その旨記載した契約書をYはXに交付しました。
　その後8月31日付でXはYに対してクーリング・オフに基づく解除を主張し，XはYに対して350万円の返還請求をしたところ，Yは「契約書を交付した後9日目以降の解除であり，クーリング・オフに基づく解除の主張はできない」と反論したことから，Xが訴訟提起した』事案です。

> **結論** クーリング・オフの権利行使は有効であるとしてYに対して代金として受領した350万円の返還と施工済のアルミサイディングを撤去するように命じました。

② 裁判所の判断

　　裁判所は，『販売業者又は役務提供事業者が，商品又は役務について製造者名や販売価格または役務の対価につき購入者が正確な認識を得られないような記載しかしていない書面を交付した場合には，右書面は法第6条1項1号にいう第5条の書面に該当せず，金額の記載はあっても商品の販売価格と役務の対価の記載がなく，支払時期や提供時期の記載のないもので，解除（クーリング・オフ）の期間は進行しないものと解されるとして，350万円の返還とアルミサイディングの撤去をYに対して』命じました。

(3) 実務上の対応

　　工事内容はできる限りわかりやすく記載すべきであり「○○工事一式」という内容のみで済ますことは行うべきではありません。

2 割賦販売法上の注意

1．平成20年改正の背景と内容

(1) 改正の背景

いわゆる次々販売等によって高齢者等の社会的弱者が不必要な物を購入させられる被害が発生しましたが，その原因のひとつとして，与信業者（クレジット業者）の安易な与信行為によって過剰に売買が成立することが挙げられていました。

そこで平成19年2月以降，特定商取引法と割賦販売法の見直しを含めた検討がなされ，平成20年6月に「特定商取引法及び割賦販売法の一部を改正する法律」が制定されました。

同法はクレジット業者の支払可能見込額調査義務関係の規定を改め，平成21年12月1日から施行されています。

(2) 改正の概要

① 過剰な与信を防止する措置

結果としてクレジット業者に対し，購入者等の支払可能見込額の調査が義務づけられ（割賦販売法30条の2第1項本文，35条の3の3第1項本文），購入者等にとって過剰な与信となる取引が禁止されました（同法30条の2の2本文，35条の3の4本文）。具体的には，平成18年の貸金業法の改正により指定信用情報機関制度が創設されたことを受けて，本法においても包括クレジット業者および個別クレジット業者が支払可能見込額の調査を行うときに「指定信用情報機関が保有する特定信用情報を使用すること」が義務づけられました（同法30条の2第3項，35条の3の3第3項）。

② 個別クレジットに関する措置

個別クレジット[※]業者に対して，特定商取引法5類型（訪問販売・電話勧誘販売・特定連鎖販売個人契約・特定継続的役務提

供等契約・業務提携誘引販売個人契約）にかかわる個別クレジット契約を締結する場合に，締結に先立って加盟店による不実告知等の勧誘行為の有無に関する調査が義務づけられ（同法35条の3の5），不適正な勧誘行為をしたと認められるときは，個別クレジット契約の締結が禁じられました（同法35条の3の7）。

また，特定商取引法5類型にかかわる個別クレジット契約については書面交付が義務づけられました（同法35条の3の9）。その他にも，クーリング・オフ制度が創設され（同法35条の3の10，35条の3の11），過量販売にかかわる個別クレジット契約に関しての解除権が特定商取引法と同様に認められ（同法35条の3の12），不実告知等があった場合の取消権（同法35条の3の13～16）が認められ，個別クレジット業者については，登録制度が導入されました（同法35条の3の12～35）。

（※）個別クレジットとは，「個別信用購入あっせん」ともいい（同法2条4項），購入者等がカード等を利用することなく販売業者から購入をする際に，クレジット業者が販売業者に代金相当額を交付し，その後購入者等から当該代金相当額を分割して受領する取引をいう。

③　クレジットカード番号等の保護

クレジット業者等に対して，クレジットカード番号等の漏洩，滅失または棄損の防止等管理のために必要な措置を講ずる義務が課されました（同法35条の16，17）。

④　その他

指定商品および指定役務を廃して原則としてすべての商品・役務を規制対象とするとともに，「割賦」の概念を見直して，「2月以上かつ3回以上の分割払い」を「2月以上」に改め，その名称も「割賦購入あっせん」から「信用購入あっせん」に改められました。また従来「個別方式のローン提携販売」はローン提携販売の一形態として位置づけられてきましたが，これを個別クレジッ

トの定義の中に含めました。

さらに，健全なクレジット取引の発展実現のために認定割賦販売協会を国が認定して，同協会が行政の監督の下で自主的な取組を行う制度も創設されています。

(3) その他

改正前も，訪問販売のような店舗以外の場所での販売契約等については，同法によるクーリング・オフが認められていました。しかし，ほとんどのケースでは9条に基づくクーリング・オフがなされ，未払代金については抗弁権を個別クレジット業者に対して主張していたことから，割賦販売法上のクーリング・オフ制度を別途利用することはほとんどありませんでした。

また，販売契約について特商法上のクーリング・オフの権利行使をしたとしても，個別クレジット契約そのものは残存するために，クレジット業者に対して既払代金を返還することはできませんでした。

そこで，特商法5類型（特定取引）に関する個別クレジット契約については，新たにクーリング・オフ制度を創設したことで，既払代金の返還までを消費者が要求できることになりました。

クーリング・オフができる期間は，法定書面を受領した日から，訪問販売，電話勧誘販売，特定継続的役務提供等契約については8日間，特定連鎖販売個人契約と業務提携誘引販売個人契約については20日間です。

2．特定商取引法との関係

(1) クーリング・オフ連動

消費者が個別クレジット契約のクーリング・オフを行った場合，販売契約自体もクーリング・オフがなされたものとみなされ，契約を解除できます。

81

これは平成20年の改正により創設されたクーリング・オフ制度で認められている「クーリング・オフ連動」によるもので，消費者が販売契約等について特商法上のクーリング・オフを改めて行わなくても，反対の意思表示をしない限り，割賦販売法上のクーリング・オフを個別クレジット業者に対して行えば，販売契約等についてもクーリング・オフがなされたことになります。
　このクーリング・オフ連動の影響により，「販売等契約における特商法上のクーリング・オフ期間が経過している場合」でも，割賦販売法上のクーリング・オフの要件が満たされていれば，クーリング・オフ連動によって販売契約等の効力も失われることになります。

(2) 過量販売にかかわる解除制度
　平成20年の改正においては，個別クレジット業者に対して加盟店に対する調査義務等の義務づけがなされるとともに，特商法上の過量販売に該当する販売契約に基づく個別クレジット契約については，消費者は個別クレジット契約の申込の撤回または解除を行うことができるようになりました（同法35条の3の12第1項本文）。

(3) 抗弁接続
　リフォーム工事を行い，工事は終了したが瑕疵と思われる箇所があり，すでにクレジット契約を締結しているのでローンの引き落としが始まっている場合，支払いを拒むことはできます。
　個別クレジット（個別信用購入あっせん）と包括クレジット（包括信用購入あっせん　クレジットカード取引）については，抗弁対抗（抗弁接続）といって，すべての商品・役務（サービス）について「商品の販売につき生じた事由」（割賦販売法35条の3の19，30条の4）に関して販売業者に対して生じている抗弁事由を，クレジット業者の支払請求に対抗（支払拒絶）することができます。
　抗弁対抗（抗弁接続）の行使方法は，クーリング・オフのように

書面である必要はありません。

　また，抗弁対抗（抗弁接続）することができるのは，契約の無効を主張できる場合だけに限定されず，同時履行の抗弁権を主張するケースも含まれます。

　まだ引渡を受けていない，たとえば，エアコンの購入・取付に関する契約等の場合には，引渡しを受けるまでは支払いを拒否することができます。

　その他，契約書に記載されていない販売業者の口約束が守られないことを理由として抗弁の対抗をすることもできる，と考えられています。

　「商品の販売につき生じた事由」の範囲については，契約の内容となる事項あるいはクレジット契約書面等に記載された事項に限定されるという見解（制限説）もありますが，口頭のセールストークや付随的特約による抗弁等，商品の販売に伴い販売業者に対して生じた事由は，原則としてすべて含むという見解（無制限説）が有力です（通産省昭和59年11月26日通達）。

　ただし，施主は，既払い金の返還までクレジット業者に求めることができる訳ではありません。

　既払い金についてはあくまで販売業者に対して不当利得として取り戻すことになります（民法703，704条）。

3 過量販売の撤回・解除権（法9条の2）

　いわゆる次々商法と言われる悪徳商法に対する対抗策として，消費者には申込みの撤回または契約の解除が認められていますが，それには以下の要件を満たす必要があります。ただし，1回の取引で過量となる場合と複数回で過量となる場合とがありますので，その点は注意してください）。

(1) 要件
　① 訪問販売における事業者の1回の取引が「過量と評価される商品・指定権利を販売する売買契約，役務を提供する役務提供契約であること（法9条の2第1項1号）」
　　（例）

> 一度の取引において買主が必要以上の量を得ること

　② 訪問販売において事業者が
　　ⅰ）過去の消費者の購入の累積から今回の事業者の行為によって過量となることを知りながら，さらに商品・指定権利を販売する売買契約・役務を提供する役務提供契約（法9条の2第1項2号前段）をすること
　　　（例）

> 自らの取引そのものは適量であったとしても，過去の購入したものとあわせて過量となる場合

　　ⅱ）事業者が過去の消費者の購入の累積からすでに過量となっていることを知りながら，さらに商品・指定権利を販売する売買契約・役務を提供する役務提供契約（法9条の2第1項2号後段）をすること
　　　（例）

> 過去の消費者の購入の累積からすでに過量となっていることを知りながら，敢えて販売すること

(注) 販売する量が過量ではない場合でも，すでに過量となっていることを知っている場合には対象となる。

(2) 適用除外

事業者において消費者に当該契約の締結を必要とする特別の事情があったことを立証した場合（法9条1項本文ただし書）

たとえば，買主本人にとって過量となるケースにおいても，その取引が「自分以外の家族や隣人のために買う」という事情を事業者が立証した場合には対象となりません。

(3) 過量とは

「日常生活において通常必要とされる分量を著しく超える」場合をいいますが，具体的な法規定があるわけではありません。

また，過量であるかどうかの判断はケースバイケースであり，法律において一義的に確定することはできません。

しかし，リフォーム工事のように外形的に過量な工事が見える場合は，販売業者の認識の立証が容易である（日弁連消費者問題対策委員会編「改正特商法・割販法の解説」57頁）という意見もあります。

（例）

> すでに同種の商品が設置済，あるいは同種の役務が施行済であることが分かった場合に，さらに自社との間で
> ・耐震補強金具の販売勧誘において，既に耐震補強金具が取り付けられ，住宅の耐震強度が十分であるにもかかわらず耐震補強金具の取付が必要と告げること
> ・床下換気扇の販売勧誘において，すでに床下換気扇が設置さ

れ，十分な台数であるにもかかわらず，その事実を告げずに，床下換気扇を販売すること
（社団法人日本訪問販売協会　自主行動基準－細則－平成21年10月8日より実施）。

(4) 効果

　消費者は申込みの撤回または契約の解除ができます。

　撤回・解除後の原状回復については，クーリング・オフに関する法9条3～8項の規定が準用されます。ただし，クーリング・オフに関する適用除外に関する規定は準用されません。

(5) 行使期間

　過量販売を原因とする契約の撤回・解除権の行使期間は，契約から1年です。

　クーリング・オフと異なり，起算日は「契約時」であって，「法定書面を交わした日」ではありませんので，その点は注意してください。

4 特定商取引法におけるその他の規定

　特定商取引法には，訪問販売について，行政機関による監督や罰則強化に関する規定も存在します。
　その内容は，概ね以下のとおりです。

(1) 主務大臣（経済産業大臣）による監督等
　　主務大臣の監督等に関する規定としては，資料の提出（法第6条の2），指示（法7条），業務の停止（法8条）がありますが，たとえば，購入者等の利益が著しく害されるおそれがあると認められるときや，7条に基づく主務大臣の指示に従わない場合には，事業者等に対して，1年以内の期間を限り，その業務の全部または一部の停止等を命ずることができるとしています（法8条）。

(2) 契約解除に伴う損害賠償額等の制限（法10条）
　　債務不履行に基づく損害賠償額の予定または違約金の定めについての制限がありますが，たとえば，購入者等が中途解約をする場合であっても，事業者等が請求できる損害額等については，以下の上限が設定されています。

>　　＜事業者が請求できる損害額等の上限について＞
>　① 商品等が返還された場合　商品等の通常の使用料の額
>　② 商品等が返還されない場合　商品等の販売価格に相当する額
>　③ 役務提供開始後の場合　提供された役務の対価に相当する額
>　④ 商品等の引渡しまたは役務提供開始前の場合　契約の締結等に通常要する費用の額

(3) 罰則の強化
　　不実告知，故意の不告知，威迫については300万円以下の罰金，

呼び込みについては200万円以下の罰金（法70条の2および70条の3）のほか，大臣による指示（法7条），業務停止命令（法8条）に係る規定が存在します。

(4) 迷惑メール規制（法12条の3）

事前の承諾を得た顧客以外に対しては電子メール広告の送信が禁止されています。

商業上の広告・宣伝メールについては原則として送信を禁止し，受信する側が電子メールの送信を請求したり，承諾した場合に限り送信を認めています。これをオプトイン規制といいますが，すでに平成20（2008）年12月1日から施行されており，広告メール受託業者も規制対象としています。

＜電子メール広告規制について＞

① 請求や承諾を得ていない電子メール広告の原則禁止（オプトイン規制）

② 電子メール広告の送信を拒否する方法の表示義務と，電子メール広告の送信を拒否した消費者への送信禁止

③ 消費者からの請求や承諾の記録の保存義務

④ その他

・主務大臣からの指示（法14・38・56条）

・業務停止命令（法15・39・57条）

・刑事罰（法70条2号，法72条1項第4・5号および72条2項）

---

(5) 消費者団体訴訟制度の特定商取引法（および景品表示法）への適用（消費者契約法等の一部改正に伴う改正）

消費者団体訴訟制度とは，平成19（2007）年6月施行の改正消費者契約法に基づき，一定の要件を備えた消費者団体が消費者（被害者）を代表して差止訴訟ができる制度です。

第6条の禁止行為，第9条のクーリング・オフ，第12条の虚偽誇大表示等の違反行為が対象となります。

(6) 訪問販売協会の規制強化に関する規定

訪問販売協会への規制強化として，所属する会員業者に対する除名処分等（法29条の3）や，被害救済基金制度^(※)の創設（法29条の2）に関する規定があります。

> (※) （社）日本訪問販売協会の「訪問販売消費者救済基金制度」のことで，訪問販売の契約を解除してすでに支払った代金等の返還を求める消費者に対し，正当な理由なく返金しない場合に，協会がその金銭を補償する制度。

(7) 個別クレジットとの関係

個別クレジット契約も解除できます（割賦販売法35条の3の12）。

5 その他の留意事項

1.リフォーム瑕疵保険・保証
(1) リフォーム瑕疵保険とリフォーム工事に付される保証
① 保険制度とは，同種の危険（財産上の需要が発生する可能性）に曝された多数の経済主体（企業・家計）がそれぞれの危険率に応じて出捐することにより共同的備蓄を形成し，現実に需要が発生した経済主体がそこから支払を受ける方法で需要を充足する制度をいいます。

> **コメント**
>
> 「大数の法則」とは，確率論における基本法則の一つです。ある事柄を何回も繰り返すと，その繰り返す回数を増やすにつれて一定事象の起こる割合が一定値に近づく，という経験法則です。たとえば，さいころを何回も振ると同じ目が出る確率が6分の1に近づくことがあげられます。
>
> 保険契約とは，当事者の一方が一定の事由が生じたことを条件として財産上の給付を行うことを約し，相手方がこれに対して当該一定事由の発生可能性に応じたものとして保険料を支払うことを約する契約です（保険法2条1号）。契約当事者は，保険を引き受ける保険者と，保険料を支払う保険契約者です（保険法2条2号，3号）。
>
> リフォーム瑕疵保険とは，特定住宅瑕疵担保責任の履行の確保等に関する法律（住宅瑕疵担保履行法）に基づき，リフォーム事業者がリフォーム工事の瑕疵について瑕疵担保責任を履行した場合に，保険法人がその損害を填補する保険制度です。リフォーム事業者が保険契約者，保険法人が保険者です。

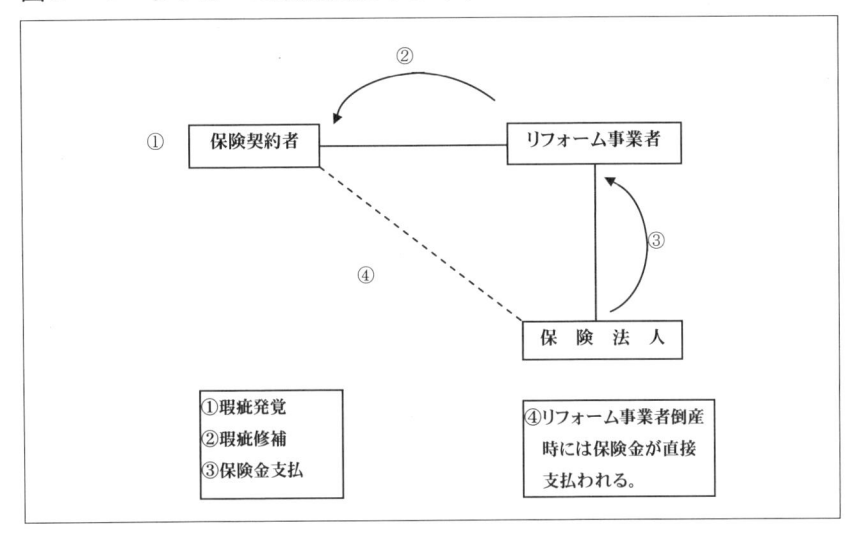

図2-1　リフォーム瑕疵保険のしくみ

```
         ②
    ┌─────────┐      ┌─────────┐
① │保険契約者│──────│リフォーム事業者│
    └─────────┘      └─────────┘
         ＼                  │
          ＼                 │③
         ④ ＼                │
            ＼      ┌─────────┐
             ＼─────│保 険 法 人│
                   └─────────┘

  ①瑕疵発覚          ④リフォーム事業者倒産
  ②瑕疵修補            時には保険金が直接
  ③保険金支払          支払われる。
```

② 保証（人）とは，主たる債務者がその債務を履行しないときに，その履行責任を負うこと（人）をいいます（民法446条1項，商法511条）。

　ところで，リフォーム工事においては，アフターサービスや保証，あるいは補償等の名称で，リフォーム事業者がリフォームした箇所に不具合が生じた場合，通常，それを無償で修理することを特約で合意します。

　リフォームした箇所に瑕疵があって不具合が生じたのであれば，リフォーム事業者が当該箇所を補修することは瑕疵担保責任の修補義務の履行であり，法的な意味からいうと保証ではありません。また，瑕疵がなくても一定期間内に生じる不具合を無償で修理する場合であれば，リフォーム事業者自身が修理するという意味で，やはり保証ではありません。

　このように，これまで保証といわれているものは，リフォーム事業者の瑕疵担保責任に関する特約，またはリフォーム工事後の

一定期間内に無償で行う補修契約にあたります。したがって，そのような意味での保証内容は，それぞれ契約書に記載された内容によって異なります。

(2) リフォーム瑕疵保険の概要
① リフォーム瑕疵保険制定の経緯

リフォーム工事の経験のない工事業者がリフォーム工事を請け負ってずさんな工事を行う，本来は必要のない工事を必要であると称して高額な工事費用を請求する，契約締結後，追加工事が必要だといわれ，工事費用が大幅に増える，などのトラブルが多発しています。

そこで，平成22年4月から導入されたのが「リフォーム瑕疵保険制度」です。同制度は，平成21年10月1日に施行された住宅瑕疵担保履行法における瑕疵保険制度のリフォーム版ともいえる制度です。

② リフォーム瑕疵保険を取り扱う保険法人

リフォーム事業者がリフォーム瑕疵保険を利用するためには，あらかじめ保険法人に事業者登録をしておく必要があります。この事業者登録には一定の審査がなされます。保険法人のウェブサイトでは登録している事業者が公開されており，平成23年5月末日時点で以下の6法人があります。

財団法人住宅保証機構	03－6435－4690
株式会社日本住宅保証検査機構	03－6862－9210
株式会社住宅あんしん保証	03－3516－6333
株式会社ハウスジーメン	03－5408－8486
たてもの株式会社	03－3500－4770
ハウスプラス住宅保証株式会社	03－5962－3815
	(平成23年5月末現在)

登録要件や登録料は，保険法人により異なるので，事業者登録をする場合，比較して検討する必要があります。

③　リフォーム瑕疵保険のカバーする範囲および期間，保険料，保険金額

　当該保険は，リフォーム工事を実施したすべての部分に係る欠陥・不具合を包括的に対象としています。ただし，設備機器・器具そのものは除かれます。

　保険期間は，リフォーム工事箇所によって異なっており，住宅瑕疵担保履行法でいう「住宅の構造耐力上主要な部分等」については5年，これ以外の箇所については1年とされています。ここでいう「住宅の構造耐力上主要な部分等」とは，❶構造耐力上主要な部分と，❷雨水の浸入を防止する部分をいいます（住宅品質確保法94条，95条）。❶は，「基礎，基礎ぐい，壁，柱，小屋組，土台，斜材（筋かい，方づえ，火打材その他これらに類するものをいう），床版，屋根版又は横架材（梁，けたその他これらに類するものをいう）で，当該住宅の自重若しくは積載荷重，積雪，風圧，土圧若しくは水圧又は地震その他の震動若しくは衝撃を支えるもの」をいいます（同法施行令5条1項）。❷は，「住宅の屋根若しくは外壁又はこれらの開口部に設ける戸，わくその他の建具と，「雨水を排除するため住宅に設ける排水管のうち，当該住宅の屋根若しくは外壁の内部又は屋内にある部分」をいいます（同条2項）。

　リフォーム事業者がリフォーム工事の瑕疵について瑕疵担保責任を履行した場合に，損害額から免責金10万円を減じた額の80％が保険法人から填補されます。例外として，住宅瑕疵担保履行法における保険付き住宅と同様，リフォーム事業者が倒産した場合には，リフォーム工事の注文者は損害額から免責金10万円を減じた額を受け取れます。保険金額は100万円から1,000万円で設定で

き，また，これに応じて保険料が異なります。免責金とは，保険金を受け取る者が自己負担する金額です。

　以上のほか，物件に付された保険の詳細については，各保険法人との個別の契約内容を確認する必要があります。

④　現場検査

　保険加入に際しては，各保険法人は現場検査員による検査を行うことになっています。検査回数はリフォーム工事内容によって異なり，構造耐力上主要な部分等がリフォーム工事に含まれている場合は，工事中検査と工事完了検査の2回が，そうでない場合は，工事完了検査のみが行われます。

　リフォーム工事に関する瑕疵としては，防水に関するものが多く報告されています。工事中検査において，施工の誤り等が発見されれば，現場検査員から指示がなされます。これにより，瑕疵の発生が一定程度抑えられていると思われます。

　現場検査料は，各保険法人によって異なり，また検査内容や保険金額によっても異なりますので，各保険法人から資料を取り寄せ，確認する必要があります。

2．消費者支援制度

(1)　「住まいるダイヤル」のリフォーム見積相談と電話相談

　一般消費者にとって，リフォーム工事の内容や代金が適切であるかどうかを判断することは容易ではありません。見積書に工事内容や費目，代金が詳細に書かれていたとしても，同様であろうと思われます。

　そこで，このような消費者の疑問に応えるため，リフォーム見積相談等を受ける制度が国によって作られました。

　その受付窓口となっているのが，以下に紹介する「住まいるダイヤル」と呼ばれている財団法人住宅リフォーム・紛争処理支援セン

ターのリフォーム見積相談と電話相談です。これは法律に基づいて国土交通大臣から指定を受けた，住宅専門の相談窓口です。

財団法人 住宅リフォーム・紛争処理支援センターの　電話相談窓口　住まいるダイヤル
ナビダイヤル　0570-016-100　PHSや一部のIP電話からは　03-3556-5147
10:00〜17:00（土,日,祝,休日を除く）

① リフォーム見積相談（住まいるダイヤル）

　リフォーム見積相談は，一級建築士などの資格を持った相談員が電話で回答してくれるので，見積書や図面などの資料を送付して質問することもでき，消費者が安心して利用できる窓口になっています。

　電話が多いのは週末前後の月曜日と金曜日で，時間帯としては受付開始直後の午前中と終了間際の夕方に集中してます。これらの日時を避ければ比較的つながりやすいと思われます。消費者がリフォーム等のことで困ったときには，まずは気軽に電話されることをおすすめいたします。

　ところで，いわゆるリフォーム詐欺を行う悪質業者の手口としては，急いでリフォーム契約を締結させて代金名目で金員を支払わせた後，見せかけだけの工事を行ったり，工事をまったく行わなかったりする例が見られます。リフォーム見積相談を受けることで，その契約書や見積書に記載されている内容や会社名から悪質業者と判断でき，被害を事前に防止できた例もあります。ここで紹介します「リフォーム見積相談」は，消費者政策の一環として用意された制度であるため，リフォーム事業者の利用はできませんが，消費者に対して，リフォーム見積相談等の制度があることを説明すれば，消費者の信頼を得るための一助となろうかと思います。

② 電話相談（住まいるダイヤル）

　リフォームの見積だけでなく，リフォーム事業者とトラブルになっている消費者のために，住宅リフォームに関する様々な心配ごとや疑問に対して，一級建築士の相談員が電話で回答してくれるのが「住まいるダイヤル」の「電話相談」です。連絡先や受付時間等については，リフォーム見積相談と同じです。

　電話相談を受けた担当者が，消滅時効の起算点や，クーリング・オフの可否など，法的判断を明確にしにくい場合などには，常駐している弁護士の助言を受けながら回答することになっています。

(2) 無料専門家相談制度（面談）

　電話相談よりもさらに詳細な相談希望者のために，各地の弁護士会等で面談による専門家相談を行っています。平成23年6月中には，すべての弁護士会で相談体制が整う予定です。

コラム　悪質リフォーム事業者と呼ばれないために！

　リフォーム詐欺が流行れば流行るほど，誠実なリフォーム事業者も無駄に疑われてしまい，業務の支障となります。つまり，悪質リフォームやリフォーム詐欺は，消費者にとってはもちろん，誠実なリフォーム事業者にとっても有害なものといえます。

　悪質なリフォーム事業者の特徴としては，①訪問販売によること，②契約締結を急がせるために，すぐに契約すると得であると説明すること，③高額な現金の先払いを求めることなどがあげられます。

　①訪問販売による契約は極めて容易に契約を解除（クーリング・オフ）されてしまいます。事業者にとっては，すぐに解除されるような契約を前提として部材を購入したり作業員の手配をしたりすることは非常に不安定な営業をすることになり，誠実な事業主であれば，対応はほとんど不可能です。

　②今すぐ契約すると得であるといった説明は，営業用の会話として，ある程度当然であるとする見方があります。昔はそうだったのかもしれません。しかし，法律学者も法律実務家も，事業主と消費者との間では契約内容に関する知識について大きな差があるため，事業主は一定程度の説明義務を負うとする考え方が一般的です。説明義務を省略して消費者の得になることを強調する営業方法は，むしろ得しないと考えるべきです。また，そもそも，すぐに契約すると得するのか否かは検証できない事柄です。嘘とは言い切れないけど本当かどうかも分からな

い点が，今すぐ契約すれば得です，という言い方の疑わしいところなのです。

③現金の先払いは極めて危険です。悪質でない事業者においても，資金繰りが苦しいときに，多額の前金を払えば契約代金総額を減額しますと言って営業をする場合があります。倒産してしまえばその前金が戻ってくる可能性はほぼありませんし，資金繰りに窮している事業者であれば，倒産する可能性は高いといえます。

誠実な事業者としては，すぐにクーリング・オフされる訪問販売による契約締結を避け，嘘か本当か分からないような営業用の会話を禁じ，手付金を受け取るとしても適正額，たとえば，リフォーム工事に必要な材料購入費と，それまでの作業料にとどめる努力が必要といえます。

第3章
工事中の注意

1 施主との関係について

1．設計変更に関するもの

(1) 基本的な考え方

　工事中に設計変更がなされた場合に，変更契約の有無やその範囲について問題となることが多いといわれています。

　本来，変更契約書を新たに交わして工事内容を確認するとともに，工事代金の内容を確認すべきです。

　ただし，以下の事例のように，変更契約書を交わしていない場合でも増額請求できる場合があるので注意を要します。

(2) 事例研究（判例）

> 設計事務所が設計変更について，設計事務所には変更する権限はないが，請負人は発注者との協議が成立していなくとも時価による請負代金の増額を請求できるとしたもの
> 　（札幌地決平成10年3月20日　判タ1049号258頁）

① 事案の概要

　これは『X（施工業者）がY（注文者）との間で，平成5年5月15日ホテルの改修工事請負契約を締結した。

　契約時に「設計変更についてはX，YおよびA設計事務所が協議し，A設事務所計が責任を持って取りまとめる」という覚書を交わしていた。

　Xは平成6年6月30日に工事を完了後，請負代金の請求をしたが，Yが変更工事について金額の合意がないとして一部支払いをしなかったことからYの不動産の仮差押えを行い，これに対してYが保全異議を申し立てたところ，裁判所はXの請求を一部認めた』事案です。

> **結論** 本件においては6,500万3,134円の範囲でＸに請求権が認められました。

② 裁判所の判断

裁判所は，

『(i) Ａ設計事務所は設計変更についてＹの代理権があったか

(あ) 「請負契約約款」に関して

原告と被告の間での工事請負契約約款（法第7条第1項）には「監理者は発注者の委任を受けて，請負者の作成する施工図，模型等を検討して承認する，工事内容が設計図等に合致していることを確認する，請求書を技術的に審査・承認する，工事内容・工期または請負代金額の変更に関する書類を技術的に審査・承認する」という規定がなされているが，この規定を監理者が発注者から独立して契約内容の変更や追加工事の意思決定をなし得ることまでを認めたもの，と解することはできない。

(い) 「覚書」に関して

覚書の条項の文言自体，Ａ設計事務所が発注者の意思から離れて独立に意思決定ができることまでを認めた趣旨には解釈できないし，さらに請負金額の増加を生ずる設計変更の場合には，発注者側の予算の制約等もあるので監理者にその意思決定自体を委ねることは通常では考えられないから，覚書があることによってＡの変更工事契約に関するＹについての代理権が発生するわけではない。

よってＡにはＹの代理権は存在しない。

(ii) 変更工事（追加工事を含む）契約は成立したか

本件契約書によれば，ＹからＡを通じて設計変更の指示がＸ

に対してあったのみでは設計変更契約が成立したとは言えないが，発注者が変更をする要望を出した時に<u>請負人が見積りを提出するなどして請負金額の増加を求める意思表示をしたのに対して発注者が工事を着工させた場合</u>や工事内容の変更が（発注者が作成した）設計図書の不備ないし監理者の施工についての指示の不備を原因としている場合には，<u>請負人は発注者との協議が成立していなくとも時価</u>による請負代金の増額を請求できる』と判断しています。

(3) 実務上の対応

施工業者からの見積書は提出され，増額請求されている場合に，施主は工事そのものの進行に異議を述べていない場合は「時価による請負代金増額を請求できる」と判断されるので注意する必要があります。

2．追加工事に関するもの

(1) 基本的な考え方

追加工事についても変更工事と基本的に考え方は変わりません。主に増額請求が認められるか否かという点で問題となります。

(2) 事例研究（判例）

> 追加工事について見積書を渡して了解を得て工事をした場合に，とくに異議が述べられていないこと等を考慮して追加工事の存在を認めたもの
> （東京地判平成14年9月18日　判例集未掲載）

① 事案の概要

これは『Yがドイツ料理レストランを経営目的としてXと本件建物の改装工事契約を締結し，Xは工事を実施した。しかしなが

ら，Yが一部しか支払わなかったことから追加工事費用も含めた残代金の支払を請求したところ，Yは(ア)工事は未完成である，(イ)全工事を請負代金で完成させる約束をしていたから追加工事費用は認めない，(ウ)本件工事には瑕疵がありその補修費用をもってX主張の残代金額を相殺する，(エ)工事が遅延したことにより600万円の営業損失を被ったので，残代金と相殺する，との理由で支払を拒絶した』事案です。

> **結論** Xの請求する追加工事費用の請求を認めました。

② 裁判所の判断

　裁判所は以下の理由でXの請求を一部認めました。

　『Xは当初の工期内に工事を完了したが，追加工事の発生や被告の厨房機器の決定が遅れたことから合意の下に工期を変更したこと，消防検査・保健所検査に合格していること，建物の引渡を完了していること，ドイツ料理レストランを開業していることから，作業工程を終えたものすなわち工事は完成したものと認めることができる。

　追加工事については，本契約締結当時，Xは本工事から3階ベランダ工事を外していたこと，追加工事についてはいずれも見積書を渡して了解を得て工事を施工したか口頭での打合せの上施工したものであって，<u>YもXに特に異議を述べていないこと，Yも過去の経験から本工事に含まれない工事が追加工事になることは認識していたことからすればX主張の本契約とは別に追加工事の存在を認めることができる。</u>

　Yは希望していたドイツ料理レストランのイメージからはほど

遠いものであるなど多数の瑕疵を主張するが，その主張を認める証拠はない。

　Xは変更された工期内に最終的な作業を完了し引渡をしているから，工事に遅延は存在しない』

(3) **実務上の対応**

　追加工事契約の成立の有無は，追加工事代金を請求できるか否かという形で問題となります。

　判例は，基本的に変更契約と追加契約の間に違いを認めておらず，双方の判例を比較する限り，見積書の提出があり，工事を実施することについて特に施主からの異議が出ていない場合には追加工事の成立を認める傾向にあるといえます。

　本判例は追加工事の成立のみならず，金額についても合意があったとの認定をしていますが，ケースによっては前記1.の判例のように「時価による増額請求を認める」との判断が下される場合もあろうかと思われます。

　よって施工業者としては増額請求を念頭に入れている場合には，必ず見積書を提出すべきです。

2 周辺との関係

1．騒音・振動
(1) 基本的な考え方

　騒音・振動については，とくにマンションリフォーム工事において，隣室などの居住者との間でトラブルに陥りやすいと思われます。

　判例は受忍限度論を用いて，あくまで一定の範囲でしか損害賠償義務を認めていません。ただし，工事開始前には近隣の状況（どのような方がお住まいか，また昼は在宅しているかなど）を確認する必要があります。

(2) 事例研究（判例）

> No.1　リフォーム工事の騒音に関して一部損害賠償請求を認めたもの
> 　（東京地判平成9年10月15日　判タ982号229頁）

① 事案の概要

　これは『8階の入居予定者からの注文により改装工事を行った際に生じた騒音・振動について，7階居住者（4名）が注文者たる8階入居予定者，工事業者と設計管理した建築士に対して，騒音・振動によって損傷した器具類の修理費，避難した先のホテル代および別荘へ行くための交通費，慰謝料など合計365万4,175円を請求した』事案です。

結論　工事業者と設計監理した建築士に対して修理費用および慰謝料の支払いを命じました。

② 裁判所の判断

裁判所は，『マンションの改装工事によって発生する騒音・振動が受忍限度を超えているかどうかは，騒音・振動の程度，態様及び発生時間帯，工事の必要性の程度及び期間，より少ない工法の存否，マンションの周辺住環境など総合して判断すべきであるとした上で，本件工事による騒音・振動は床衝撃音が主であるが長時間継続するものではなく，その発生は3ヶ月間だけで昼間に限定され，設計内容に違法なところはなく，より騒音・振動の発生の少ない工法が当時開発されていないこと，注文者はピアノを置く予定をやめたことなどを考慮して判断すると，ダイヤモンドカッターが使用された9日間と台所のタイル剥がし工事がされた1日の騒音は受忍限度を超えたものであるとして，給湯管折損の修理代など5万1000円のほかに慰謝料として4名に対して40万円』を認めました。

> No.2　新築工事の際の周辺住民との合意に反したとして業者に対する慰謝料支払義務が認められたもの
> （大阪高判平成12年10月11日　判タ1086号226頁）

① 事案の概要

これは『Y夫婦が施工業者Zに対して自宅の建替工事を依頼し，工事開始時には，道路（幅5m）の反対側に居住するXに対しては「解体工事のためにはシートで囲って行うので埃や大きな音は出さない」と説明していたが，工事開始後Xが慢性関節リュウマチとメニエール病に罹患したためXが被害を訴えたところ，Zは解体工事終了後の新築工事開始時に，Xとの間で「建築工事を早朝や夕刻後には行わず，埃を立たせないように水撒きをする」などの取り決めを行い，そのうえ，Zの担当者はXを数回ケアハウスなどへの送り迎えもしたが，Xは居心地が悪いとケアハ

ウスの利用は拒絶した。

工事完了後Xは，精神的肉体的損害として300万円，日照侵害として200万円並びに弁護士費用40万円の合計540万円をYとZに対して損害賠償請求したところ，第一審判決は病気との因果関係がないこと，Zも成し得るべき被害防止措置を施していることなどを根拠としてXの請求を棄却したので，Xは控訴した』事案です。

> **結論** 施工業者ZのXに対する慰謝料50万円の支払義務を認めた。

② 裁判所の判断

裁判所は，『ZはXと工事に関する合意書を取り交わした時点でXの身体障害の程度が工事による影響を配慮すべき程度に重いことを理解することができたのであるとし，ストレスを生じさせることがないように合意内容を厳守した工事を行う注意義務を負ったにもかかわらずこれを怠ったので精神的苦痛として50万円の賠償義務があるが，それ以外の健康被害との因果関係は特定できず，Zの担当者のXに対する対応並びに工事による騒音被害に受忍限度を超える違法性はない』と判断しました。

No.3 リフォーム工事における養生が不十分であったがために損害賠償義務を認めたもの
（東京地判平成3年9月26日　判タ787号226頁）

① 事案の概要

これは『甲を本部とするコンタクトレンズの加盟店である乙

は，店舗開設にあたって解体工事と新たな造作工事を丙に請け負わせて施工させたところ，その解体工事がずさんであったために，同じビルの2階隣室と1階において婦人服販売業を営むXの店舗内にあった商品に大量の粉塵がかかったことから，Xは，丙に対して民法709条に基づき，乙に対して民法716条但書に基づき，甲に対しては工事業者として乙に対して丙を指定した点について民法709条に基づき，損害賠償請求を求めた事案』です。

> **結論** 工事業者丙の損害賠償義務を認めたが，損害金は見舞金として支払った200万円を超えないとして請求は認められませんでした。

② 裁判所の判断

裁判所は，『一般に造作解体工事により粉塵が大量に発生することは専門業者であれば通常予見し得るので，粉塵により近隣の者が被害を被ることのないような万全の手当をしたうえで解体工事に着手すべきであるにもかかわらず，<u>本件解体工事にあたっては，入口扉を外したにも拘わらずビニール養生シートを垂らしてガムテープで固定しただけで目張り措置をとらなかった，また間仕切り，天井裏，角，配線口，ダクト，配管等々の隙間を点検して目張りをする処置をとっていない，もともと隣室とは完全に遮断されておらずプラスターボードなどで塞いだだけの部分があったがそのような部分に目張りがない</u>，として丙の責任を認めたが，見舞金200万円が支払われており，それ以上に全品が全損と評価しうる被害を被ったということは疑わしいとして，甲と乙の責任の有無について判断するまでもなく，200万円を超える金額の請求は認められない』と判断しました。

(3) 実務上の対応

判決文にあるとおり,『解体工事により粉塵が大量に発生することは専門業者であれば通常予見し得る』との認識が裁判所にあることから,解体工事にあたっては十分な養生をしなければなりません。

2.漏水

(1) 基本的な考え方

漏水についてはその原因を確定することが困難なケースが多く,そのうえ,漏水によって衣服や家具が損傷するなど二次損失も大きいと考えられています。

そのため,工事費以外の損失も生じ,全体としての損害金が高額になる可能性があります。

漏水事故については,その発生を防ぐとともに,発生した場合の初期対応を誤らないようにする必要があります。漏水事故に関しては,工事業者の他に注文者(工事業者にとっては施主)や大家さん(賃貸人)も一緒に被告にされることがあり,工事業者の信用を失いかねませんので注意しましょう。

(2) 事例研究(判例)

> リフォーム工事によって発生した漏水事故について,255万円の賠償義務を工事業者に対して認めたもの
> (東京地判平成5年4月26日　判時1483号74頁)

① 事案の概要

これは『2階店舗の内装のリフォーム工事によって階下に発生した漏水事故について,1階店舗の賃借人が1階店舗の賃貸人,2階店舗の賃借人(注文者)と工事業者(請負人)に対して,什器備品等の損害,休業損害,修理費用など約1,500万円の損害賠

償請求をした事案』です。

> **結論** 店舗の賃貸人およびリフォーム工事の注文者に対する責任は否定しましたが，工事業者に対しては255万円の修理費用を認めました。

② 裁判所の判断

裁判所は，『漏水の原因は，工事業者の作業員がスラブの上に出ていたファンコイルユニット用の排水管を切断しカバーをしないままスラブ下に押し込んで排水管に勾配が生じたこと，その後排水管に何か詰まる物を流し込んだことにあり，作業員の過失によって発生したものであるから，工事業者は使用者責任を負うが，2階店舗の賃借人（注文者）の指図に過失はなく，1階店舗の賃貸人にも何ら過失はなく，損害については，1階店舗の営業を廃止したことについては因果関係はなく休業損害も損害として認められない』として，修理費用255万円のみ損害として認めました。

(3) 実務上の対応

漏水事故は動産類の破損等を伴い，コンピューター機器が故障した場合には極めて損害額が大きくなる可能性がある。

そのうえ，原因が何であるか，またその原因を生じさせた者が誰であるか（工事業者なのか，賃貸人なのか，注文者にも責任があるのか）が判明しにくく，初期対応が遅れがちです。

実務的な対応としては，原因の究明よりも初期対応を重視することが要求されます。

3．火災

(1) 基本的な考え方

リフォーム工事を実施する際の解体工事が原因で火災が発生したケースなど，工事には火災の危険を伴うものもあります。

判例においては工事業者に対して高い注意義務が求められており，火災の場合被害損失が膨大になることから，十分に注意する必要があります。

解体工事によって火災が発生した事案において解体工事業者に高い注意義務を求めた事案を紹介します。

(2) 事例研究（判例）

> 解体工事によって発生した火災について工事業者の責任を認めるとともに，工事に携わる者に高い注意義務を認めたもの
> （横浜地判平成12年1月12日）

① 事案の概要

これは『解体工事に使用した切断機より発生した火花によって建物が延焼したことにより家財道具などを失った者から，工事業者（下請業者），元請業者ならびにその代表者に対して，建物の損害金，家財道具の損害金，リース機械損害金および後片づけ費用，慰謝料，弁護士費用として約4,500万円の請求がなされた事案』です。

結論 全員に対して連帯して2,500万円の支払義務を認めました。なお，工事の注文者に安全配慮義務違反があるという解体工事業者の主張は認めませんでした。

② 裁判所の判断

裁判所は，『本件火災事故はアセチレンガス切断機使用によっ

て生じた溶解塊が建物内の残存塗料に引火して生じたものであり，下請業者である解体業者の作業員には事故の発生につき重過失があり，雇い主である会社の代表者も同様に重過失があり，会社（下請の解体業者）にも連帯して損害賠償義務がある』として，建物の費用70万6,390円，家財道具については原告主張額の3割，リース機械については1,030万6,930円，解体費用100万円，慰謝料合計400万円（原告6人），弁護士費用220万円，合計で被告全員に対して連帯して総額2,500万円の支払義務を認めました。なお，同じ訴訟において元請業者である解体工事業者は，『注文者（リース機械等の損害賠償を請求した原告でもある）に対して，引火しやすい塗料などが散在していることを工事業者に告げなかったことについての過失または債務不履行責任（安全配慮義務違反）』を主張しましたが，裁判所はこれを否定しています。

(3) 実務上の対応

解体工事業者の立場としては塗料が残っていることを工事に際して注文者は告知すべきであるとして安全配慮義務を主張しましたが，解体工事のプロであれば，工場として使用されていた建物内部に解体工事との関係で危険性のある物が存在することを予見すべきであると判示しているとこからも，裁判所は専門業者に対して善管注意義務を求めていると考えるべきです。

4．増改築

(1) 基本的な考え方

発注者が賃借人である場合，すなわち賃貸建物である場合には，通常，発注者（賃借人）は賃貸人との間で交わす賃貸借契約書において「増改築禁止特約」を設定している場合がほとんどです。

増改築工事の実施によって発注者が賃貸人から特約違反を主張されることもあり得ることから，受注する際には，発注者にその点を

確認しておくことが求められます。
(2) 事例研究（判例）

> リフォーム工事が増改築禁止特約違反であると賃貸人から主張されたもの
> （東京地判平成6年12月16日　判時1554号69頁）

① 事実の概要
　これは『建物（事務所）の賃借人が新たに外壁を築造した際に，シャッター4基を設置し，事務所内の壁の一部および天井を撤去して築造し直して，事務所の一部を建物の外部として階段を移動させる改修をしたところ，賃貸人が，増改築禁止特約違反を根拠に，建物明渡の請求をした事案』です。

> **結論**　賃貸人の主張を否定し，明渡しを認めませんでした。

② 裁判所の判断
　裁判所は，『従前の建物は通行人に危害を及ぼす可能性があり，それを除去する必要性があったこと，雨漏りを防止する必要性があったこと，シャッターの撤去は可能であり賃借人の原状回復の負担が増加したわけではないこと，建物の用途変更はないこと，建物の価値は増加していること』などを考慮すると，『信頼関係を破壊しているとするには足りない特別の事情がある』として，賃貸人の主張を認めませんでした。

(3) 実務上の対応
　テナントがリフォーム工事を実施した場合には，大家（賃貸人）

との間での賃貸借契約違反（増改築禁止特約違反）の問題が生じることも予想しなくてはなりません。

　工事業者にとってはあくまで施主が注意すべき問題ではありますが，実施するリフォーム工事が施主（建物の賃借人でもある）の不利益にならないかどうか，工事内容が賃貸借契約に違反しないかどうかを契約に際して施主側に確認する必要があります。

コラム　漏水被害についての賠償金の目安は？

　雨漏りを修繕するためにリフォーム工事がなされることは多くあります。また，リフォーム工事に瑕疵があって雨漏りが生じる場合も多くあります。マンションの場合は，上階のリフォーム工事に瑕疵があるなどして階下に漏水が生じます。マンション屋上の防水工事に瑕疵があり，最上階の住戸すべてに雨漏りが生じる場合もあります。住宅に関する法律相談を担当していると，漏水の相談が非常に多いことを実感します。

　しかし，漏水被害についての損害額は，それほど大きくなりません。漏水被害が生じる場所は通常人が生活しているため，すぐに連絡がなされるからです。稀に，長期出張中のため，被害が拡大する場合もありますが，それでも，上階の部屋の人が漏水していることに気づけば，漏水を止めますので，被害は拡大しません。すぐに報告される漏水事故における損害額は，補修費用だけなら1住戸当たり100万円を超える事案は少ないという印象です。

　これに比べて，新築住居に漏水が生じる場合は，損害額が高額になる場合が増えます。たとえば，屋根裏に生じた雨漏りが

外壁の内面を伝わって長期間気づかれない場合や，筋交いが不足しているために地震のたびに少しずつ外壁にひび割れが生じ，そこから雨漏りする場合などには，気づいた頃には，家屋の構造となる材木が腐食していたりするのです。マンションであれば，鉄筋や銅製の配管が錆びるなどの被害が生じます。建て替えに近い補修工事を必要とする場合もあります。部屋の中まで漏水する新築家屋は多くないため，発見が遅れることが多いのです。

つまり，リフォーム工事であっても，漏水を放置すれば損害額は拡大するといえます。また，注文者が漏水している事実を発見しながら放置していると，裁判になった場合，過失相殺といって請求できる賠償額がいくらか減らされることもあります。

雨漏りを発見したら，すぐに信頼できる業者に連絡して応急処置を施したり，専門家の相談・検査を受けるなどして，被害の拡大を防ぎましょう。リフォーム事業者としては，マンションのリフォーム工事をする場合に，階下の住人に事前に挨拶をしておくことが漏水被害拡大の防止策になることを理解しておくとよいでしょう。

3 注文者の誤った指示について

(1) 基本的な考え方

注文者の誤った指示が原因で瑕疵が発生した場合，民法636条に規定された「注文者の与えた指図によって生じたとき」に該当するかが問題となります。

その条文規定に該当する場合は瑕疵担保責任が否定されますが，判例はその適用を極めて制限的に解釈しており，『注文者の指示が誤っていることによって請負人の瑕疵担保責任が免除されるわけではない』としています。

この点は現場の認識と異なる場合もあると思われますので，十分に注意する必要があります。

(2) 事例研究（判例）

> No.1　瑕疵の原因が設計事務所の指示にあったことを前提としつつも請負人の責任を免除しなかったもの（その1）
> （京都地判平成4年12月4日　判時1476号142頁）

① 事案の概要

これは『賃貸マンションの新築工事を請け負った施工業者の下請業者が施工した汚水管設備の不備が原因で，トイレ詰まりや汚水の逆流が発生したことから施主が施工業者に対して損害賠償請求をしたところ，施工業者は「原因となった汚水管の配管の接続は施主が設計などを委託した建築事務所の指図によるものであるから，民法636条本文により瑕疵担保責任を負わないと反論した』事案です。

> **結論** 施工業者の瑕疵担保責任は免れないとして損害賠償請求を認めたが、過失相殺の規定を準用して一部減額を認めました。

② 裁判所の判断

裁判所は、『・・・施工図面では、1つの住戸から伸びる汚水管Ａが90度に曲がってから、立ち上がり管に向かう途中の箇所において、もう1つの住戸から伸びる汚水管Ｂが汚水管Ａの側面に垂直に接合され、さらに、その接合箇所から少し伸びたところで、汚水管Ａと立ち上がり管が接合されることとなっていた。しかし、実際には、汚水管Ａと汚水管Ｂが正対する形で接合され、その箇所でＴ字型の継ぎ手を介して1本の立ち上がり管と接合されており、また、汚水管の勾配も施工図面より緩やかに変更されたため、その接合部で詰まりが起きるなどしたことから、同所に瑕疵がある』と判断しました。

注文者の指図（民法第636条）とは、注文者の十分な知識や調査結果に基づいて行われた指示、あるいは、その当時の工事の状況から判断して事実上の強い拘束力を有する指示などであると制限的に理解しなければならない。『本件においては、注文者のために工事を監理していた設計事務所の設計により天井の厚みが十分でないことにその施工の原因があるが、設計事務所が積極的に施工を指示したとまで認定することはできず、被告は本件建物全体の新築を請け負った大手の建設業者であって具体的な工事施工に関しては発言権があること、給排水設備の施工に関しては被告の専門的知識・経験が勝っていることに照らせば、設計事務所の意向が絶対的・拘束的であったと認めることはできず、設計事務所が本件施工に賛同しこれを承諾したとしても注文者の指図に基づくということはできない』と判断しました。しかし、『本件不

具合の根本的原因は，本件建物の設計（換言すれば，注文者の設計思想）それ自体に存し，被告は設計を請け負っていない』ことから，民法第418条を準用して，5割を減じると判断しています。

> **No.2　瑕疵の原因が設計事務所の指示にあったことを前提としつつも請負人の責任を免除しなかったもの（その2）**
> （東京地判平成3年6月14日　判時1413号78頁）

① 事案の概要

これは『敷地面積や前面道路との関係においては注文者の求める車庫を建築することは困難であったにもかかわらず，請負人がその施工を保証し，実際には実現できなかったことから，施主が請負人（施工業者）に損害賠償請求をしたところ，施工業者は「仮に瑕疵があったとしても注文者の指図によるものであって責任はない」と争った』事案です。

> **結論**　施工業者の反論を認めず，注文者の損害賠償請求を認めました。

② 裁判所の判断

裁判所は『・・・しかしながら，ここで発注者の指示（民法第636条ただし書）とは拘束力を持つものでなければならず，単に発注者が希望述べ，請負人がこれに従ったというだけでは，指示によったということは出来ない。実際問題として，発注者の希望の表明と指示との限界は微妙な問題があり，単に発注者の言動だけでなく，当該工事の内容，当事者の当該問題についての知識，従来の関係，それに至る経過等を総合的に判断して請負人を拘束

するものであったかを判断するほかない。・・・また発注者が誤った指示をした場合であっても，請負人がそのことを知っている時はそれを発注者に知らせ，それを改める機会を与えるべきである。それをせず，漫然とその指示に従い瑕疵工事をした場合，請負人は瑕疵担保責任を免れない（民法第636条）のであって，請負人が建築工事の専門家として少しの注意を払えば知り得たのに，重大な過失によって知らず，誤った指示により工事をした場合も同様というべきである。

　これを本件について見るに，・・・原告が被告会社に対し，相当強い希望を表明したことは十分に伺われるけれども，発注者がその住宅である工事目的物に重大な関心を持ち，素人なりにこれに関与するのは通常であることを考えると，話し合いの結果本件車庫の工事が行われたことだけから指図によって右工事が行われたとは認められないし，仮に原告の右希望の表明をもって発注者の指図と見るとしても，請負人の代表者は，建築工事の専門家として本件乗用車及び前面道路の位置・形状等物理的客観的に当時判明していた諸事情から，より慎重に本件車庫の設置の可否及びその構造等を決すべき注意義務があったのであり，これを怠り漫然と原告に右車庫の設置を安請け合いしたものと言われても致し方なく，この点で被告には重大な過失があったと言わざるを得ない』と判断しています。

(3) **実務上の対応**

　建築の現場においては「施主（注文者）の指示どおりに工事を行えば，それが原因で発生した結果（瑕疵）について施工業者の責任は免れる」という漠然とした認識があります。これは建築請負の世界においては「お施主様」という言葉があるとおり，施主の指示に対して絶対的な存在を認めている傾向にあることが原因であると思われます。

しかしながら，裁判所は必ずしもこのような考えに立脚しておらず，施工業者に対しては「建築の専門家」として技術的な問題に対しては強い責任を求めています。
　そのため，施主の指示とはいえども技術的に困難な（瑕疵を生みやすい）指示であれば，施工業者（請負人）は毅然として施主に対して撤回を求める努力をしなければなりません。やむを得ず施主の指示どおりに工事をしなければならない場合でも，それが施主の指示に基づくものであることを書面化しておく必要があります。
　この点は新築工事であろうとリフォーム工事であろうとかわりありません。

4 廃棄物の不法投棄

(1) 基本的な考え方

工事によって発生する廃棄物については「排出者の責任(排出者が責任を持って適切に処理する)」が原則とされるところ,その法令遵守には必ずしも周辺環境が整っているとは言いがたく,なおかつ法令に基づく罰則もあることから,工事業者にとっては大変に厳しい状況にあります。

初めて最高裁判例において不法投棄の定義づけがなされましが,その射程距離は明確ではなく,今後も工事業者にとっては細心の注意が求められます。

(2) 事例研究(判例)

> No.1 不法投棄の定義(みだりに捨てる)についての最高裁の判断が初めてなされたもの
> (最判平成18年2月20日 判時1926号155頁)

① 事案の概要

これは『アルミニウム再生精練事業を営む会社の工場長Aが,従業員らをして,アルミニウム再生精練過程から排出される汚泥,金属くず,瓦礫等の産業廃棄物を工場敷地内に掘られた素堀の穴に埋めたてることを前提にその穴の脇に野積みにさせた行為が廃棄物処理法16条の不法投棄(みだりに捨てた)に該当するかが争われ,第一審,第二審ともに有罪判決になったことから被告人が上告した』事案です。

> **結論** 上告棄却（有罪）

② 裁判所の判断

　裁判所は『被告人は産業廃棄物のうち処理業者に処分を引き受けてもらえないものを工場敷地内の素堀の穴に埋め，穴がいっぱいになると表面を覆土し，あるいはコンクリート舗装をする等したうえ，新たに掘られた他の穴に廃棄物を投入するということを繰り返し，平成9年頃，現在の穴に廃棄物が投入されるようになった。

　廃棄物はその都度穴に投入されるのではなく，いったん穴の脇に積み上げられある程度量がたまったところでショベルローダー等により投入するという手順が取られており，被告人並びに従業員らは，廃棄物を積み上げてある場所に運ぶ作業自体を「捨てる」とか「穴に捨てる」等表現していた。そして，積み上げられた廃棄物について，これが四散したり含有されるフッ素等の物質が空中や土中に浸出したりしないように防止阻止を講じ，あるいは，分別する等のような，管理の手は全く加えられず，山積みの状態のまま相当期間に渡り野ざらしにされていた（なお，被告会社は，埋めたて処分をするのに必要な設備や許可を取得していない）。

　被告人および工場関係者は廃棄物を穴に埋めたてることを前提に野積みしたものであるところ，その態様，期間等に照らしても仮置き等とは認められず，不要物としてその管理を放棄したものという他ないから，これを穴に投入し最終的には覆土する等して埋めたてる予定をしていたとしても，「廃棄物を捨てる」行為にあたる。

また，野積み行為が敷地内で行われたとしても，廃棄物処理法の趣旨に照らして野積みは許容されるものではないから，「みだりに」廃棄物を捨てる行為にあたる』と判断しました。

> No.2　村からの一般廃棄物の処理，運搬，処分が行われていないとしても，排出者は自らの責任において処理をしなければならないとしたもの
> （福島地判会津若松支部平成16年2月2日　判時1860号157頁）

① 事案の概要

　これは『日光国立公園内に旅館を営んでいた有限会社甲の従業員BとCが，共謀のうえ，①旅館の建物の解体建替に際して工事によって生じた廃材その他一般廃棄物である木片等約6,900kgを地中に埋め，また②旅館業を営む上で排出された(ア)空き缶をプレスしたものと(イ)空き瓶をガラス粉砕器を使って粉砕したものを，次のように埋めた。

　建替した新別館の玄関前に従業員らの手作りで地面の上に煉瓦を敷いてテラスを作る時に，「凍み上がり」現象を防ぐために，空き缶をプレスしたもの27個を並べるとともに，煉瓦の下地として，砂の他にガラス片を敷いた』事案です。

> **結論**　木片を埋めた点については有罪（懲役5月，執行猶予2年），それ以外の空き缶および空き瓶を埋めた点については無罪と判断しました。

② 裁判所の判断
　(ⅰ) 木片の投棄について
　　裁判所は『廃棄物処理法3条1項は，事業者について，一般

廃棄物，産業廃棄物を問わず「その事業活動に伴って生じた廃棄物を自らの責任において適正に処理しなければならない」と定めて排出者責任の原則を規定している上，同法16条は「何人も，みだりに廃棄物を捨ててはならない」と規定し，その行為主体を限定していない。

　　<u>よって，尾瀬沼畔の地域の特殊性から村が一般廃棄物の収集，運搬，処分を行っていないとしても，その責任を免れない。</u>

(ii) 空き缶及び空き瓶について

　(あ) 同法16条の「捨てる」とは廃棄物を最終的に占有者の手から離して自然に還元することをいい，「みだりに」とは生活環境の保全及び公衆衛生の向上の見知から社会通念上許容されないことを意味する。これらに該当するかどうかは，・・・個別具体的に決せられる。・・・有効利用するという主観的意図があるからといってただちに該当しなくなるわけではない。しかし，・・・利用方法がその時点で一般に普及しないとしても，ただちに社会通念に反して許されないとされるものでもない。・・・ガラス片を煉瓦の下に敷き詰めた点については，<u>容易に外部に散逸しない状態に置かれていたもの・・・有害物質が周囲に流出することもあり得ない・・・ガラス片が存在する範囲は局限されているし，その量も膨大なものとはいえない。・・・ガラス片は砂と性質が類似しており，砂の代用品として利用することに合理性が認められる・・・法を潜脱する趣旨は伺われない。</u>

　(い) プレスした空き缶を地中に埋めた点については・・・<u>利用された範囲も局限されており，その量も膨大なものとはいえないこと・・・容易に発見，撤去できる状況にある・・・凍み上がりの防止という目的を達成している・・・杭の間に断</u>

124

熱，緩衝材を入れることを考えたことも合理的・・・施工の材料として利用する意図であったものと認めることができる・・・付着物の流出についても少なくとも周囲の一般環境に見るべき影響を与えるものとは認められない。
　(う)　よって，廃棄物をみだりに捨てたと評価することはできない。』と判断しています。

(3) 実務上の対応

　廃棄物の処理の問題については，法令の要求する内容と法令を遵守するための周辺的環境が設備等も含めてあまりにかけ離れていることが現場の遵法意欲を低下させている原因のひとつとなっています。

　また，不法投棄の解釈について前例が少ないことから，不法投棄であるか否かの判断基準が極めて曖昧な状況にあります。

　たとえば，このNo.2の判例からも，取締当局の判断と裁判所の判断の極めて微妙な違いを認識せざるを得ず，法令遵守を義務づけられた者には大変に困難な課題が課せられているといえます。

　さらに前記No.1の判例における最高裁の判決を検討すると，旧厚生省は，「捨てる」の解釈について「廃棄物を最終的に占有者の手から離し自然に還元することを言い，処分するということと同旨である」の解釈をしていたにもかかわらず，最高裁はこの点をとくに触れることなく「専ら不要物としてその管理を放棄した」と認められるということだけで，廃棄物処理法における「捨てる」にあたるとしています。この点は混迷を極める原因の一端が行政当局にあると言わざるを得ません。

　施工業者としては，No.1の判決の第一審判決（福島地会津若松支判　平成15年12月3日）において「内心で捨てる意思がなかったというだけで，これに該当しなくなるものではない」と判示していることからも，「捨てる意識がないので不法投棄ではない」という考

え方は誤りであることを認識しなければなりません。したがって，従来の感覚的判断にとらわれず，本来の処理方法が何であるかを十分に認識したうえで，その処理方法に忠実に従うことが今後とも要求されます。

コラム　新しいリフォーム業者像

　今後，住宅に関する工事内容は「新築からリフォームへ」移行していくことが明らかであると言ってよいでしょう。
　リフォーム業者も今後マーケットの強い監視の目が向けられると考えるべきです。
　また従前は新築を中心としていた施工業者の中には「今後はリフォームを中心に事業を展開する」という考えの方もおられるでしょう。
　リフォーム業者がこれから主役になると考えるべきです。
　そして主役になるということは消費者の前面に立ってその強い監視に耐えられる体制を整えなければなりません。
　その体制整備の一つとして求められるのが法令遵守です。
　工事内容が関連法規に合致することはもちろんのこと，消費者である施主に対する説明をきちんと履行すること，きちんとした契約書を交わすこと，「誠心誠意」というメンタル的な部分を強調するだけでなく，具体的な法令に沿ったものであるかのチェックを常日頃から行うことが必要です。
　民法，特定商取引法，消費者契約法等々法令に義務づけられた内容を正確に把握し，日常業務に反映させることを常日頃から心掛けるべきです。
　その努力を怠ると，インターネットが普及し，消費者の権利意識が強くなり，マスコミの関心も強くなった現代社会においては，強いペナルティを受けることを覚悟しなければなりません。

第4章
工事完了時の注意

1 請負代金債権と損害賠償債権の関係

(1) 基本的な考え方

　工事業者が工事完了後に請負代金の支払請求をした場合に，発注者から瑕疵が存在することを根拠に代金の支払いを拒まれるケースが多く見受けられます。

　工事業者からの支払請求に対して発注者が，❶請負代金請求債権を瑕疵に基づく損害賠償請求（修補に代わる損害賠償請求）をもって相殺する場合，❷同時履行の抗弁権を主張する場合において，それぞれ結果が異なりますので，十分に注意する必要があります。

　また，上記❶の場合に施工業者は相殺をすることもできますので，その点を踏まえて対応すべきです。

(2) 事例研究（判例）

> No.1　注文者から請負代金請求権を損害賠償請求権をもって相殺したもの（上記❶のケース）
> （最判平成9年7月15日　判夕952号188頁）

① 事案の概要

　これは『請負人が，工事が完成したとして報酬を請求したところ，注文者が修補にかかる損害賠償請求をもって相殺の意思表示をしたことから報酬請求権についての遅延損害金の発生時期が争点となった事案』です。

結論　注文者は相殺の意思表示をした日の翌日から遅延損害金の支払義務が発生します。

② 裁判所の判断

請負人の報酬請求に対して、注文者が修補にかわる損害賠償請求権をもって相殺の意思表示をした場合、注文者は相殺の意思表示をした日の翌日から履行遅滞となります。この点について、最判平成9年2月14日は、『・・・けだし、瑕疵修補にかわる損害賠償請求権と報酬請求権は、民法634条2項により同時履行の関係にたつから、注文者は請負人から瑕疵修補にかわる損害賠償債務の履行またはその提供を受けるまで、自己の報酬債務の全額について履行遅滞による責任を負わない』と解釈し、さらに『注文者が瑕疵修補にかわる損害賠償請求権を自働債権として請負人に対する報酬債権と相殺する意思表示をしたことにより、相殺適状時にさかのぼって消滅したとしても、意思表示をするまで注文者はこれと同時履行の関係にある報酬債務の全額について履行遅滞による責任を負わなかったという効果に影響はないと解するべき』としています。

> No.2　工事業者の請負代金請求に対して発注者が損害賠償請求権をもって同時履行の抗弁権を主張したもの（上記❷のケース）
> （最判平成9年2月14日　判タ936号196頁）

① 事案の概要

これは請負契約の残代金請求と修補に代わる損害賠償請求が同時履行の関係にあることを認めたもので、『注文者が請負人に対して修補に代わる損害賠償請求権を有するときは、瑕疵の程度や交渉態度などに鑑み、信義則に反すると認められるときを除き、賠償を受けるまでは残代金の支払いを拒むことができ、履行遅滞の責任を負わない』とした事案です。

> **結論** この判決により，事実上，工事業者は残代金を受領するために施主に対して損害金の支払いをしなければならなくなりました。

② 裁判所の判断

　『請負契約において仕事の目的物に瑕疵があり，注文者が請負人に対して瑕疵の修補にかわる損害の賠償を求めたが，いずれからも損害賠償債権と報酬債権とを相殺する旨の意思表示が行われなかった場合またはその意思表示の効果が生じないとされた場合には，民法634条2項により両債権は同時移行の関係に立ち，契約の当事者の一方は，相手方から債務の履行を受けるまでは，自己の債務の履行を拒むことができ，履行遅滞による責任を負わないものと解するのが相当である。

　しかしながら，瑕疵の程度や契約当事者の交渉態度などに鑑み，瑕疵の修補にかわる損害賠償請求権をもって報酬残債権全額の支払いを拒むことが信義則に反すると認められた時はこの限りではない』と裁判所は判断しました。

No.3　上記❷の場合に，施工業者が相殺を主張したもの
（東京高判平成16年6月3日　金融・商事判例1195号22頁）

① 事案の概要

　これは『施工業者Xが注文者Yから内装工事の発注を受けて工事の完成引渡し後，残代金278万7,892円を請求したところ，Yが瑕疵修補に変わる損害賠償請求権に基づき同時履行の抗弁権を主張したので，原判決はXの残代金の請求権として443万1,938円を認める一方で，YのXに対する損害賠償請求権438万8,826円を認め引換給付判決をした。

これに対してXが，控訴審の口頭弁論期日において残代金債権（報酬債権）とYのXに対する損害賠償債権を対当額において相殺する旨の意思表示を行い，報酬残額の支払請求した』事案です。

> **結論** 原判決変更し，YのXに対する253万1608円の支払い義務を認めた。

② 裁判所の判断

> (i) XのYに対する報酬債権は，追加工事費用を含めて657万7,892円であり，既払い200万を差し引いた457万7,892円が報酬債権残額である。
> (ii) YのXに対する修補に関する損害賠償請求額は204万6,284円である。
> (iii) 請負契約における注文者の報酬支払義務と請負人の目的物引渡義務とは対価的牽連関係に立つものであり，修補に変わる損害賠償請求権は，この法律関係を前提とするもので，実質的・経済的には請負金額を減額するものであって，報酬債権と同一の原因関係に基づくものである。

裁判所は，以上のような実質関係に着目し，『双方の債権を現実に履行させなければならない特別な利益があるものとは言えず，仮に双方の債権を引換にて給付することを命じる判決をした場合の強制執行における手続きの難しさも考えると，相殺を認めても相手方に対し抗弁権の喪失により不利益を与えることにはならないこと，注文者が請負人の報酬請求権と自らの損害賠償請求

権を相殺した場合の遅延損害金は相殺の意思表示をしたその翌日から発生すること（最判平成9年7月15日）を考慮すると，注文者が相殺の意思表示をしないときに請負人が報酬債権を自働債権として相殺の意思表示をした場合でも，その翌日から履行遅滞の責任を負うものと解すべきである。（中略）これを許すことは同時履行の抗弁権を主張して遅延損害金の発生を止めようとする注文者の利益を失わせしめることになるが，この利益をなお保持させなければ不公平であると言える合理的な理由は考えがたく，相殺されるまで注文者は報酬債務について履行遅滞の責任を負わないのであるから当時者双方の衡平が十分に保たれている。

　よって相殺により対当額が消滅し，報酬残債権253万1,608円と相殺の翌日から商事法定利率年6分の割合による遅延損害金の支払義務がある』と判断しています。

(3) 実務上の対応

　このNo.3の判決において施工業者が自らの報酬債権をもって注文者の損害賠償請求権との相殺を認めたことから，今後損害賠償請求がなされた場合にも相殺をすることによって（通常は損害賠償請求権よりも報酬請求権の方が高額であることを考えると）注文者側に遅延損害金が発生する状況にして交渉または裁判を実施することが妥当であると思われます。

2 工事の遅延

1. 工事完了時の遅延による損害賠償

(1) 工事を遅延した請負人の立場

請負人の義務は工事の完成であり（民法632条），工事を完成させなければ報酬を請求できないことはもちろんのこと（民法633条），完成が遅れたことにより生じた損害についても，賠償責任を負います。

(2) 遅延による損害賠償請求権の法的性質

① 請負契約において，請負人は，工事完成後は瑕疵担保責任を負い，工事完成前は一般の債務不履行責任を負うと解されています。

したがって，予定された時期に工事が完成していない場合，請負人は，履行遅滞による損害賠償責任を負うことになります（民法412条・415条）。

② では，工事の完成は遅れたが，請け負った工事内容には瑕疵がまったくない場合の「遅延による損害賠償請求権」の法的性質とは何でしょうか。

民法634条から640条までの請負人の瑕疵担保責任の規定は，民法559条の特則というだけでなく，さらに不完全履行の特則であると考えられています。そうすると，工事の完成が遅れたとしても，工事に瑕疵がない場合には，瑕疵担保責任としての損害賠償請求はできない、ということになります。また，民法634条2項で，瑕疵の修補とともにする損害賠償請求を定めていますが，瑕疵のない場合にも損害賠償請求ができるとは定めていません。

しかし，この場合は，完成すべき時期に完成していない以上，注文者は，その時点で履行遅滞による損害賠償請求権を取得しています（同時に，請負契約における本来的請求権による工事完成

請求権も有している)。そして，完成すべき時期から遅れて工事が完成したとしても，注文者がいったん取得した履行遅滞による損害賠償請求権が消滅する理屈はないから，やはり，この場合も，注文者が取得する損害賠償請求権は，履行遅滞によるものと考えられます（民法412条・415条）。

③ 遅延による損害賠償義務を負う場合の要件

請負契約においては通常工期が定められていますので，❶その約束した工期を経過しても工事が完成しておらず，❷この遅延により損害が生じ，❸遅延したことについて請負人に帰責性がないといえなければ，請負人は賠償義務を負うと考えられます。❸については，工事を工期までに完成させられなかった以上，帰責性がなかったとの立証が成功することはほとんどないと指摘されています（民法Ⅲ債権総論・担保物件131頁，内田貴，東京大学出版会）が，注文者から様々な追加注文や工事内容の変更の希望がなされて，工事が遅れ気味になることもあります。

(3) **損害賠償の範囲**

① 民法上の責任

ⅰ) 通常損害と特別損害

請負契約に限らず，債務不履行によって他人に損害を与えた者は損害賠償責任を負います。ただ，債務不履行から生じる損害は，自然的な意味での因果関係をたどっていくと無限に広がり得ます。

そこで，債務不履行に対する損害賠償の範囲については，民法416条１項で「通常生ずべき損害の賠償をさせることをその目的とする」と定めています。これは，通常生じる損害についてのみ賠償すべきことを定めた規定ですが，この基準に照らせば，履行遅滞による損害とは，遅滞の期間だけの使用価値（遅延賠償）ということになります。たとえば，リフォーム工事

中，請負人の履行遅滞によって注文者がホテル住まいを余儀なくされた場合などのホテル代がこれに相当します。

さらに民法416条2項では，当事者（債務者を意味すると解するのが通説である。）が予見した，または予見できたことを要件として，特別の事情によって生じた損害についても賠償すべき旨を定めています。

営業損害は，特別損害とされた例（最判昭和32年1月22日民集11巻34頁）もあれば，通常損害とされた例（最判昭和39年10月29日　民集18巻1823頁）もあります。その債務不履行から通常生じる損害といえるものが通常損害であるから，事案によって異なるといえましょう。ただし，店舗の内装リフォーム工事の場合，請負業者は工事の遅延により開業が遅れ，営業損害が生じることが通常予見できることから，賠償義務を負うと考えるのが妥当です。

ⅱ）特約

以上の規定は任意規定と呼ばれるもので，それと異なる合意をすれば合意が優先します。請負契約は，世の中に多く存在する形式の契約であるにもかかわらず，民法に定められている条文の数は限られています。そこで，請負契約のモデルが公表されていますが，代表的な約款については，本節の「2.」で説明いたします。

② 消費者契約法による制限

請負契約の内容を自由に決められるとはいっても，リフォーム事業者と消費者の間で請負契約が締結される場合，リフォーム事業者は，民法や商法で定められた損害賠償義務の全部または一部を免れることはできません（消費者契約法8条）。

リフォーム事業者は，営利目的でリフォーム工事を業とする者であり，会社形態を取っているのが通常であることから，消費者

契約法にいう事業者に該当します（消費者契約法2条2項）。

　消費者とは個人をいい，事業としてまたは事業のためにリフォーム契約の当事者となる場合は除くと解されます（消費者契約法2条1項）。

　自宅兼事務所を構えるような個人事業者が，ここでいう消費者にあたるかどうかについては，消費者契約法が適用されるかどうかという要件の問題です。したがって，消費者契約法が，事業者と消費者の情報量・交渉力の格差による不公正を是正するものであることに鑑みると（消費者契約法1条参照），当該個人事業者が継続的な業務提供をしているか，情報・交渉力に格差があるか，事業者から提供される労務が当該個人事業者の個人生活の範囲に含まれているかなどの社会生活上の地位の実態等から，総合的に判断されるべきです（〔第2版〕コンメンタール消費者契約法33頁，日本弁護士連合会消費者問題対策委員会編，商事法務）。

　自宅兼事務所のリフォーム工事を依頼する場合，リフォーム工事内容がいかなるものかによって区別できる場合が多いと思われます。たとえば，事務所部分の書斎の改造やパーテーションの設置であれば，事業のためのリフォーム工事と考えられ，他方，文筆業者によるシステムキッチンの入れ替えであれば，事業とは関係ないといえましょう。しかし，リフォーム工事内容が，個人の私生活にも事業にも共通する場合や，事業用に使っていた部屋を半分に分けて，片方を子供部屋に改造する場合などは，その評価は分かれます。

(4) 具体的費目

① 仮住居費用

　リフォーム工事期間中，別にアパートを借りたり，ホテル暮らしをする場合，リフォーム工事の完成が遅れれば，賃料やホテル代も余計に要することになります。

したがって，遅延により余計に必要となった賃料等については賠償義務が生じます。
② 営業損害
　　店舗内装のリフォーム工事契約において，瑕疵を補修する工事のために営業開始が遅れ，営業損害が生じるような場合には，営業損害も賠償すべきです。
　　遅延による債務不履行の事案ではありませんが，仙台高判平成4年12月8日（判時1468号97頁）や東京地判平成11年6月25日（判時1717号97頁）は，瑕疵担保責任としての営業損害の損害賠償請求を認めています。他方，東京地判平成5年4月26日（判時1483号74頁）は，不法行為（工事業者が建物2階の改装工事をした際に1階店舗に漏水させた事故）に基づく損害賠償を請求した事案ですが，休業による損害については，休業の必要が不明であるとしてこれを認めませんでした。工事業者が1階に店舗があることを予見しえた事案であるため通常損害と考えたか，特別損害と考えたかは明らかでありません。

2．各種約款

(1) 基本的な考え方
　　以下において，リフォーム工事にも使える代表的なものを紹介します。一般社団法人住宅リフォーム推進協議会の住宅リフォーム工事請負約款と，民間（旧四会）連合協定の工事請負契約約款はそのまま使えます。その他のものはリフォームではなく住宅建築であるため，リフォーム工事に置き換える必要がありますが，工事が遅延した場合の請負人の責任については，住宅建築でもリフォームでもそれほど異なるところはないと思われます。

(2) 一般社団法人住宅リフォーム推進協議会の住宅リフォーム工事請負契約約款
　① 当該約款において，工事を遅延した場合の請負人の責任について，以下のように定められています。

> **（遅延損害金）**
> 第11条　請負者の責に帰する事由により、契約期間内に契約の工事が完了できないときは、注文者は遅滞日数1日につき、請負代金から工事済部分と搬入工事材料に対する請負代金相当額を控除した額に年14.6％の割合を乗じた額の違約金を請求することができる。
> 2　注文者が請負代金の支払を完了しないときは、請負者は遅滞日数の1日につき，支払遅滞額に年14.6％の割合を乗じた額の違約金を請求することができる。

　② 遅延日数を日で表記しながら，付される遅延損害金の利率を年利で表示していることから，多少わかりにくいところもありますが，当該条項の意味するところは，請負代金額からすでに工事を終えた部分および搬入工事材料分を減じた額について，年14.6％の割合で遅延損害金を支払うべきものです。年14.6％とは，遅滞日数1日につき1万分の4に相当する額をいいます（次の「(3) 民間（旧四会）連合協定の工事請負契約約款」参照）。

　請負代金額からすでに工事を終えた部分および搬入工事材料分を減じた額の算定は，注文者と評価が分かれるため，この点が争いに発展する可能性があります。他方，このような評価が必要なことから，注文者と請負人が話し合う機会を持ちやすくなるといえましょう。

　当該約款によれば，年14.6％の割合による遅延損害金以外の費目を賠償することしか定められていませんので，工事の遅延によ

る損害賠償はこの遅延損害金だけと解されます。もっとも，消費者契約法の制限があることについては前述したとおりです。

(3) 民間（旧四会）連合協定の工事請負契約約款

① 当該約款において，工事を遅延した場合の請負人の責任については，以下のように定められています。

第30条　履行遅滞，違約金

(1) 乙の責めに帰すべき事由により，契約期間内に契約の目的物を引き渡すことができないときは，契約書に別段の定めのない限り，甲は，遅滞日数1日につき，請負代金額から工事の出来形部分ならびに検査済の工事材料および建築設備の機器に対する請負代金相当額を控除した額の1万分の4に相当する額の違約金を請求することができる。

(2) 甲が第25条(4)または第26条の請負代金の支払を完了しないときは，乙は，遅滞日数1日につき支払遅滞額の1万分の4に相当する額の違約金を請求することができる。

(3) 甲が前払または部分払を遅滞しているときは，本条(2)の規定を適用する。

(4) 甲が本条(2)の遅滞にあるときは，乙は，契約の目的物の引渡を拒むことができる。この場合，乙が自己のものと同一の注意をもって管理したにもかかわらず契約の目的物に生じた損害および乙が管理のために特に要した費用は，甲の負担とする。

---

② これによれば，請負人が目的物の引渡を遅延したことに帰責性がある場合，請負代金額から，工事の出来形部分，検査済の工事材料および建築設備の機器に対する請負代金相当額を控除した額について，1日当たり1万分の4を乗じた額を遅延損害金として賠償する義務を負うとされています。

たとえば，2部屋の内装変更および内1部屋のシステムキッチ

ンの入れ替え工事を請け負い，1部屋の内装を終え，もう1部屋の既存のシステムキッチンを取り外しただけの段階で完成すべき時期が到来し，その時点で，本件工事に必要な工事材料の手配をすべて終え，新たに入れるシステムキッチンを入手済みであったと想定します。この場合，請負人が賠償すべき遅延損害金の元金は，請負代金－工事の出来形部分（1部屋の内装工事と既存のキッチン撤去代）－検査済の工事材料（未施工の部屋の壁紙や接着剤等）－建築設備の機器に対する請負代金相当額（新たなシステムキッチン取付代）となります。

　上記(2)の②で述べたことと同様のことがあてはまりますが，それとの違いは，遅延損害金算定の基礎となる元金額を定めるにあたり，請負代金額から建築設備の機器に対する請負代金相当額も減じるかどうかという点です。

(4) 日弁連の住宅建築工事請負契約約款

　① 日弁連の住宅建築工事請負契約約款において，工事を遅延した場合の請負人の責任については，以下のように定められています。

第27条　（履行遅滞・違約金）

　乙の責に帰すべき理由により，契約期間内に契約の目的物を引き渡すことができないときは，特約のない限り，甲は，請負代金に対し年6分の割合による遅延損害金を請求することができる。但し，甲はその他遅延により特別必要とした仮住居費用等や収益を目的とする建築物については，その収益の損失違約金を加えて別途請求できる。

　甲が請負代金の支払を完了しないときは，乙は支払遅滞額に対し年6分の割合による遅延損害金を請求することができる。

　甲が前払又は部分払を遅滞しているときは，前項の規定を適用す

る。但し，遅延判断は乙の工事の進行状況と対比して決定する。
　甲が本条2項の遅滞にある場合であっても，支払遅滞額が請負代金額の10分の1を下回る場合は，乙は契約の目的物の引渡を拒むことができない。

② 請負人は，目的物の引渡しを遅延したことに帰責性がある場合，請負代金全額に対して年6分の割合による遅延損害金の賠償義務を負い，また，仮住居費用や営業損害が生じていれば，これについても賠償責任を負います。
　一般社団法人住宅リフォーム推進協議会の住宅リフォーム工事請負約款および民間（旧四会）連合協定の工事請負契約約款と比較すると，遅延損害金の元金が高く，利率が低く設定されています。出来高部分等をいくらと評価するかは一義的に明確にならないため，そのような争いを避けるという意味では優れています。しかし，請負代金額が高額になると請負業者の負担が増します。また，この遅延損害金とは別に，仮住居費用や営業損害についても賠償責任を負うとしている点も，注文者に有利です。

(5) 中央建設業審議会（中建審）の民間建設工事標準請負契約約款（乙）
　① 民間建設工事標準請負契約約款（乙）は，個人住宅建築等の民間小工事の請負契約についてのものです。当該約款には，工事を遅延した場合の請負人の責任については，以下のように定められています。

（履行遅滞及び違約金）
第23条　受注者の責めに帰すべき事由により，契約期間内にこの契約の目的物を引き渡すことができないときは，契約書の定めるところにより，発注者は，受注者に対し，延滞日数に応じて，請負

代金額に対し年14.6パーセント以内の割合で計算した額の違約金を請求することができる。
2　発注者が第18条第2項の請負代金の支払いを完了しないときは，受注者は，発注者に対し，延滞日数に応じて，支払遅滞額に対し年14.6パーセント以内の割合で計算した額の違約金を請求することができる。
3　発注者が前払又は部分払を遅滞しているときは，前項の規定を準用する。
4　発注者が第2項の遅滞にあるときは，受注者は，この契約の目的物の引渡しを拒むことができる。この場合において，受注者が自己のものと同一の注意をもって管理したにもかかわらずこの契約の目的物に生じた損害及び受注者が管理のために特に要した費用は，発注者の負担とする。
5　発注者の遅滞の後，この契約の目的物の引渡しまでの管理のために特に要した費用は発注者の負担とする。
6　発注者が履行の遅滞にあるときは，この契約の目的物に生じた損害は受注者の負担とし，不可抗力の理由によってその責めを免れることはできない。

　②　これによれば，請負人は，目的物の引渡しを遅延したことに帰責性がある場合，請負代金全額に対して年14.6％の割合による違約金の賠償義務を負うとされています。
　　　当該約款には当該違約金以外の費目を賠償することが定められていませんが，工事の遅延による損害賠償はこの遅延損害金だけになってる点や，消費者契約法の制限がある点については，一般社団法人住宅リフォーム推進協議会の住宅リフォーム工事請負約款および民間（旧四会）連合協定の工事請負契約約款の場合と同様です。

コラム 裁判では書面が非常に重要な証拠となります

　建物を新築する場合はもちろん，リフォームの場合も，工事途中で変更を求められることがあります。リフォーム工事期間が2日間とかであればともかく，中古住宅を購入してリフォームをする場合は，数週間の予定を立てると思われます。

　契約書を作成する場合，一番最初に作る契約書は，融資を受ける必要があったり，それまでの打合せを行った結果が表現されたりするため，慎重に作ることが一般的です。他方，途中で工事内容を変更する場合，どのような工事をどう変更したかについて書面を作らないことがあります。また，注文者から追加工事を依頼された場合に，その追加の契約書を作らない場合もあります。そのような契約書を作成する場合でも，遅延損害金についての定めは，工事が約束どおりに終わらない場合に備える規定であり，契約当事者双方もそうあって欲しくない事柄であることからか，おろそかにされがちです。

　そして，変更や追加があったのに，契約書は一番最初に作ったものしかないということになると，一見，請負業者が約束どおりに工事をしなかったとか，完成が遅れたように見えます。追加工事代金を請求しようとしても，元々契約していたのか追加を依頼されたのか分からず，自己負担となることもあります。

　頻繁に起こることではありませんが，数週間のリフォーム工事の場合，工事の予定は無理のないものとし，追加や変更を求められたら，面倒でも書面を作るようにしておきましょう。元

の契約書のコピーに修正し，署名を貰うだけでも，裁判のときには，十分役立ちます。

第5章
工事完了後の注意

1 請負契約における請負人の瑕疵担保責任

1. 請負契約における請負人の瑕疵担保責任

(1) リフォームにおける請負人の瑕疵担保責任

　　リフォーム工事は，通常，請負契約の形で締結されます。請負契約における請負人の義務は，請け負った業務の完成です（民法632条）。請け負った業務が完成しない場合，債務不履行責任を負いますが，請け負った業務を完成させれば，多少不具合が残っていても債務不履行責任は問われず，瑕疵担保責任を負うとする考え方が一般的です。請け負った業務が完成したか否かについては，仕事が当初の請負契約で予定していた最後の工程まで一応終了しているか否か，を基準として判断されます（東京高判昭和36年12月20日　判時295号28頁，東京高判昭和47年5月29日　判時668号49頁，東京地判昭和57年4月28日　判時1057号94頁，東京地判平成14年4月22日　判タ1127号161頁，東京地判平成17年4月26日　判タ1197号185頁等）。

　　請負人の瑕疵担保責任は，売買契約における売主の瑕疵担保責任が無過失責任であることと同様に，瑕疵がある以上，その責任を負うという意味で，無過失責任と解されています。無過失でも請負人が責任を負うという点では，事案によっては請負人に酷とも思えますが，瑕疵発生の原因を作り出した者に損害賠償請求が可能であることから，請負人が無過失責任を常に最終的に負担するわけではありません。たとえば，工事自体は適切になされたのに，メーカーから購入した材料が粗悪で瑕疵が生じたため，請負人が注文者に生じた損害を賠償したような場合には，請負人は，そのメーカーに対して賠償請求（求償権を行使）できる関係に立ちます。

(2) 瑕疵の意味

　　売買契約における売主の瑕疵担保責任において，瑕疵とは，目的

物に何らかの欠陥等があることをいいますが，ある欠陥が瑕疵にあたるかどうかについては，売買目的物の客観的な品質・性能基準で判断する客観説と，当事者の合意を重視する主観説があります。この点について，大審院判昭和8年1月14日（民集71頁）が，「売買の目的物にある種の欠陥があり，これがためその価額を減ずること少なからず又はその物の通常の用途若しくは契約上特定したる用途に適せざること少なからずときは，これいわゆる目的物に瑕疵の存する場合」と述べていることから，主観説に立つと解されています。また，最判昭和41年4月14日（民集20巻4号649頁）は，建物建築目的で土地を購入した者が，売主に対して瑕疵担保責任を追及した事案において，『本件土地が東京都市計画事業として施工される道路敷地に該当し，同地上に建物を建築しても，早晩その実施により建物の全部または一部を撤去しなければならない事情があるため，契約の目的を達することができないのであるから，本件土地に瑕疵があるものとした原判決の判断は正当』と述べ，原審の判断を是認しました。契約の目的を達することができないから瑕疵があるとする理論構成は，主観説によっていると評価できます。さらに，最判昭和56年9月8日（判タ453号70）頁は，宅地造成を目的とする土地の売買において，対象土地が森林法による保安指定を受けて伐採等の制限が加えられ，宅地造成できないことが瑕疵に当たるとした原審の判断を是認しています。これも，宅地造成目的という当事者が売買契約を締結した目的を考慮しており，主観説に立っているといえるでしょう。

多くの学説が，このような判例の立場を支持しています（判タ453号72頁）。

以上より，現在においては，売買契約における売買目的物の瑕疵とは，当事者の合意を重視する主観説に立って理解されています。

そして，請負人の瑕疵担保責任は，売買契約におけるそれとは異

なり，❶「隠れた」瑕疵に限られない，❷瑕疵担保責任の内容として一定の限度で瑕疵修補請求権が認められている（民法634条1項），❸瑕疵が注文者の指図により生じた場合には免責されることがある，という特徴がありますが，「瑕疵」の意味自体は同じとされています。

したがって，請負契約の瑕疵担保責任における瑕疵も，瑕疵のとらえ方に関する主観説の立場から，当事者の合意・趣旨・目的に照らして通常または特別に予定されていた品質・性能を欠く場合を指すと解されます。

なお，民法（債権法）改正検討委員会による債権法改正の基本方針においても，請負における瑕疵の定義を，仕事の目的物が契約に適合しないことを広く含むものと表現しており，主観説に立つものと解されています（別冊ＮＢＬ126号債権法改正の基本方針366頁，民法（債権法）改正検討委員会編，商事法務）。

(3) 瑕疵の判断方法

① 裁判例の傾向

民法634条をめぐる裁判例の傾向として，次のような指摘がなされています（請負人の瑕疵担保責任における「瑕疵」概念について，大阪地方裁判所 判事補 山地 修，判タ1148号4頁）。

> ⅰ）瑕疵については，基本的に主観説に立って判断する。
> ⅱ）契約によって定められた内容を明確にし，その内容に違反しているかどうかを判断する。もっとも，契約内容に違反すればただちに瑕疵に該当するというものではなく，軽微な約定違反は瑕疵と評価されないこともある（この意味で瑕疵とは純粋な事実ではなく，実質的・規範的概念であり，たぶんに法的評価を伴う）。
> ⅲ）契約内容が不明確な場合には，契約内容を合理的に意思

解釈する。その際，反対の意思表示がない限り，建築基準法所定の最低基準が契約内容となっていると解釈することは合理的である。

② 合理的意思解釈を行う場合の参考となる事項

建築紛争について指摘されることですが，契約内容が不明なために当事者の合理的な意思解釈を行う場合には，建築基準関係法令等（国土交通省告示，その他の宅地造成等規制法令等の法令），日本工業規格（JIS），日本農林規格（JAS），日本建築学会の標準工事仕様書（JASS）等が参考にされています。なお，JASS基準に違反しているというだけで，ただちに瑕疵に該当するとはいえないとした裁判例もありますが，このような判断は多くはありません（仙台地判平成15年12月19日『消費者のための欠陥住宅判例［第3集］』368頁参照）。

リフォームの場合，確認申請が不要な規模のリフォームであれば建築基準関係法令の規制とは直接関係ないといえますが，注文者としては，リフォームの結果，建築基準法違反の建物になるようなことや当初の性能を下回るようなことを想定していないと思われますので，その意味でこれらの基準を参考にすることができます。

2．修補請求，損害賠償請求および解除
(1) 修補請求（民法634条1項）
① 注文者は，相当の期間を定めて瑕疵の修補請求ができます。

請負人が修補するための時間的余裕を与えるため，相当の期間を定めて修補請求する必要があります。注文者は，損害賠償請求権を行使することもできますが，修補請求権を選択した場合は，相当の期間が経過するまでは，修補に代わる損害賠償を請求でき

ないと解されています（債権各論中巻二635頁，我妻栄，岩波書店）。

　なお，修補請求をしたが，相当の期間内に修補がなされない場合はどうなるのでしょうか。請負人の修補義務不履行ととらえて，注文者による解除（民法541条）を認めることも考えられますが，民法635条が請負契約において契約目的物に瑕疵がある場合に解除できるための要件をとくに定めていることから，民法541条による解除の適用は排除されていると考えられます（債権各論中巻二635頁，我妻栄，岩波書店。基本法コンメンタール債権各論Ⅰ契約193頁，遠藤浩編，日本評論社，新版注釈民法(16)債権(7)，広中俊雄編，有斐閣，144頁）。

② 瑕疵が重要でなく，かつ，修補に過分の費用を要する場合は，修補を請求できないとされています。

　瑕疵が重要であるかどうかは，契約の目的，目的物の性質その他客観的事情によって定まります。また，費用が過分かどうかは，修補に必要な費用と修補によって生ずる利益とを比較して判断されます。この点について，最判昭和58年1月20日（判時1076号56頁）は『造船請負契約において造船業者が請負残代金を請求したところ，注文者が騒音・振動を理由とする損害賠償請求の反訴を提起した。原審は，契約目的物たる曳舟が全速による右方急旋回時に発生する振動は瑕疵であるが，この原因を除去するには当該曳舟を機関室中央付近で横切断して後部船体を新造のものと取り替える改造が必要であること，その改造のためには2,440万円強の費用と70日間の工期を要すること，注文者はこの瑕疵が存在する状態で当該曳舟を運行して他の船とほぼ同等の利益をあげてきたこと』に鑑み，瑕疵の修補に代わる損害賠償請求を認めませんでした。さらに注文者は上告しましたが，本最高裁判決は，

　『…本件曳舟の原判示瑕疵は比較的軽微であるのに対して，右瑕

疵の修補には著しく過分の費用を要するものということができるから，民法634条1項但書の法意に照らし，上告人は本件曳舟の右瑕疵の修補に代えて所論改造工事費及び滞船料に相当する金員を損害賠償として請求することはできない』と判断して，上告を棄却しました。

③ 修補請求と請負代金請求の関係

工事が完成していなければ，注文者は請負代金の支払いを拒絶できます（民法632条）。

他方，請負人が工事を完成させた以上，たとえ瑕疵があったとしても，請負人は報酬を請求することができます。また，注文者は，単に目的物に瑕疵があるというだけでは報酬の支払いを拒むことはできません。もっとも，注文者は，瑕疵を理由に修補または損害賠償を請求し，同時履行の抗弁権を主張することができます（最判平成9年2月14日　判タ936号196頁。我妻・有泉コンメンタール民法総則・物権・債権1162頁，我妻栄・有泉亨・清水誠・田山輝明，日本評論社。債権各論711頁，末広嚴太郎，有斐閣）。瑕疵があるけども修補請求できない場合としては，前述②のような場合が考えられます。もちろん，報酬代金全額の支払いを拒むことが信義則に反する場合は別です（福岡高判平成9年11月28日　判時1638号95頁参照）。

ちなみに，工事途中で瑕疵が発見された場合については，最判平成9年2月14日と同じような考え方で，『注文者は，信義則違反になるような場合を除き，その瑕疵への対応が適切になされるまでは，履行期が到来した報酬についても修補請求とのその支払を拒むことができ，履行遅滞の責任を負わない』とした裁判例があります（名古屋地判平成19年9月21日　判タ1273号230頁）。

(2) 損害賠償請求（民法634条2項）

注文者は，瑕疵の修補請求に代わる損害賠償を請求することも，

瑕疵の修補とともに損害賠償請求をすることもできます。
① 瑕疵修補に代わる損害賠償請求

注文者は，前述したように瑕疵修補に代えて損害賠償請求権を行使することもできます。この損害賠償請求権の発生時は請負目的物の引渡し時（引渡しがない行為を請け負った場合は完成時）です（最判昭和54年3月20日　判時927号186頁）。

また，瑕疵の修補が可能な場合でも，損害賠償請求ができます（最判昭和52年2月28日　金商520号19頁，最判昭和54年3月20日　判時927号184頁）。

つまり，注文者は，瑕疵修補請求権と損害賠償請求権の選択権を持っているといえます。この場合，選択債権の規定（民法407条ないし411条）が準用されると考えられます（我妻・有泉コンメンタール民法総則・物権・債権1162頁）。具体的には，注文者が修補請求を選択した以上，請負人の承諾がなければ損害賠償請求に変更することはできず（民法407条2項），また，損害賠償を請求した場合，債権の発生時から損害賠償請求権を選択していたことになります（民法411条）。

② 瑕疵修補とともにする損害賠償請求

瑕疵を修補してもなお損害が残る場合には，その損害賠償も請求できます。たとえば，店舗内装のリフォーム工事契約において，瑕疵を補修する工事のために営業開始が遅れ，営業損害が生じるような場合です（肯定例として，仙台高判平成4年12月8日　判時1468号97頁，東京地判平成11年6月25日　判時1717号97頁等，否定例として，東京地判平成5年4月26日　判時1483号74頁等がある）。

③ 損害額の算定時期

損害賠償請求権の発生時期は，①で述べたとおり，請負目的物の引渡し時（引渡しがない行為を請け負った場合は完成時）です

が，損害額の算定時期が，別に問題となります。たとえば，損害賠償請求時には50万円程度で補修できたが，その後部材や輸送費の高騰により100万円程度を要するに至った場合，どの時点で損害額を算定するかという形で問題になります。

　この点については，注文者が請負人に修補を請求したが請負人がこれに応じず，注文者が修補に代わる損害賠償を請求した場合には，修補請求時を基準として損害が算定され（最判昭和36年7月7日　民集15巻7号1800頁），また，修補請求をせずにただちに損害賠償請求をしたときは，損害賠償請求時が基準とされます（最判昭和54年2月2日　判時924号54頁）。ただし，前掲仙台高判平成4年12月8日は，『建築請負契約目的物たる建物の亀裂が拡大していたため，修補請求以後も損害が拡大していた事案において，修補請求した時から補修工事に通常6か月程度を要する』と述べ，損害額算定時期を修補請求時ではなく，そこから6か月遅らせています。これらは，どちらも修補可能な場合です。

　これに対して，修補不能な場合は，そもそも修補請求できないのであるから（民法634条1項ただし書参照），原則として請負人の瑕疵担保責任が発生したとき（前述(2)①）と解するのが相当であるとされています（最近の裁判例からみた請負に関する諸問題，後藤勇，判タ365号58頁参照）。

④　具体的費目

　リフォーム工事における請負人の瑕疵担保責任としての損害賠償請求において認められる費目は，以下のとおりです。

　ⅰ）修補費用

　　まず，瑕疵の補修費用があります。リフォーム工事が不十分で瑕疵がある場合，契約に従った工事を完成させるための工事費用を賠償しなくてはなりません。それについては多数の裁判例もあります。

なお，リフォーム工事によってリフォームと関係ない部分を損壊したような場合（たとえば，リフォーム工事のための部材を玄関から搬入する際に玄関ドアを傷つけた場合）には，当該損壊個所の補修費用も賠償すべきことは言うまでもありませんが，このような賠償請求権の法的性質は，瑕疵担保責任ではなく，不法行為または契約に付随する義務違反に基づく損害賠償請求となります。

ⅱ）転居・仮住まい費用

つぎに，転居・仮住まい費用があります。大がかりなリフォーム工事等で，転居する必要がある場合に限られますが，仮住居費用や転居費用としての相当額が賠償の対象となります。

転居・仮住まい費用を認めた裁判例として，不法行為に基づく損害賠償の事案ですが，東京地判平成4年3月19日（判時1442号126頁）や福岡地判平成11年10月20日（判時1709号77頁）があります。福岡地判は，転居に際して必要となる不動産業者に対する仲介手数料も損害と認めました。また，賃貸借契約における債務不履行に基づく損害賠償の事案ですが，東京地判平成7年3月16日（判タ885号203頁）があります。

他方，否定した裁判例として，売買契約における瑕疵担保責任としての損害賠償を求めた事案として，大阪地判平成3年6月28日（判時1400号95頁）があります。これは，補修工事の必要な建物に居住して生活しても支障がないよう補修工事を実施することが可能であることを理由に，仮住まい費用の請求を認めませんでした。

ⅲ）調査料・鑑定料

それから，調査料や鑑定料も賠償の対象となりますが，補修工事相当額算定のために必要な調査費や文書作成費用等も含ま

れます。これについては多数の裁判例があります。
iv）拡大損害

　売買契約における瑕疵担保責任としての損害賠償の範囲については，当該瑕疵担保責任の法的性質に絡んで争いがありますが，請負契約の瑕疵担保責任においては，損害賠償の範囲は信頼利益に限られないことについて争いはありません。

　したがって，前述(2)②のように，店舗の内装リフォーム工事の完成が遅れて営業損害が生じれば，それも賠償する必要が生じます（前掲(2)②で指摘した仙台高判平成4年12月8日ほか）。
v）精神的損害（慰謝料）

　最後に，精神的損害（慰謝料）が考えられます。

　物損とは，文字どおり，物に生じた損害すなわち財産的損害であることから，その損害が回復されれば物損の被害は回復されます。それに対し，精神的損害（慰謝料）とは，物の財産的損害ではなく，人の精神的苦痛についての損害なので，物損が生じたというだけでは，慰謝料の請求は認められません。

　しかし，❶被害物件が被害者にとって特別の主観的・精神的価値を有することが社会通念上相当と認められるような場合，❷被害物件の損傷に伴い，生活の平穏を害され，または，不便な生活を強いられるなどの不利益を受けるといった人格的利益の毀損が認められる場合，❸加害態様が極めて悪質である場合などには，慰謝料の請求が認められることがあります（民事交通事故訴訟・損害賠償額算定基準下巻（講演録編）2008（平成20年）41頁「物損に関する慰謝料」，財団法人日弁連交通事故相談センター東京支部編。ただし，❸については，そのような事情だけを根拠に慰謝料を認めることに疑問が呈されています。とりわけ❶や❷の場合は，物の損害にとどまらず，精神的苦痛の発生を想定しやすいことが根拠となっていると思われま

す。

　なお，建物建築請負の場合は，注文者にとっては一生に一度のことであるという事実が慰謝料を認める結果につながりやすいとの指摘がありますが（建築瑕疵紛争における損害について，濱本章子・田中敦，判タ1216号44頁），リフォーム工事は新築とは異なるため，慰謝料が認められるケースは比較的少ないと思われます。

　では，慰謝料が認められるとして，その額はどれくらいになるのでしょうか。建築紛争においては，慰謝料を認めるとしても100万円以下とする裁判例が多いのですが，高額な慰謝料を認めた裁判例もあります。東京地判平成13年6月27日（判タ1095号158頁）の『土地付建物の売買契約において，当該土地が軟弱地盤であったため，建物に多数の看過しがたい不具合が生じ，これを解消するためには建物新築に匹敵するほどの費用を要すると認められることから，当該売買契約の解除を認め，原告4名の慰謝料について，それぞれ480万円，510万円，500万円，490万円を認めた事案』や，名古屋高判平成19年6月20日（消費者のための欠陥住宅判例［第5集］106頁）の『建物建築請負契約において，天井高が設計図面の2,600㎜から200㎜低く施工されたこと，欄間の両端を1cmずつ切断した上，当初の予定と異なる場所（床の間の上）に設置せざるを得なくなったこと等の瑕疵が認められ，500万円の慰謝料を認めた事案』があります。高額な慰謝料を認めた特殊事情として参考になります。

⑤　損害賠償請求と請負代金請求の関係

　注文者が請負代金を支払わない状態で瑕疵の存在を理由として損害賠償を請求する場合，両者の法律関係が問題となります（本書第4章第1節参照）。

(3) 解除（民法635条）

① 瑕疵修補請求や損害賠償請求が認められる場合でも，注文者は，本条の要件を満たす場合には，契約を解除することもできます。

② 解除の要件

瑕疵があるために請負契約の目的を達成できない場合に，注文者は当該請負契約を解除できます。瑕疵があって目的を達することができないときとは，❶瑕疵が重大であるとき，❷その修補が不可能であるか，請負人が修補を拒絶したとき，❸修補が可能であっても長期間を要し，そのために契約解除権をただちに行使することが正当と認められるとき，とされています（新版注釈民法⒃債権⑺150頁）。

裁判例としては，『牛乳栓印刷および打抜機（以下，本件機械という）の製造請負契約において，本件機械によって製造される牛乳栓には，縁にささくれができる，表面の印刷に濃淡ができる，外縁と印刷部分の円形が同心円となっていない，全般的に印刷インクの汚れが付着している等の事実があり，牛乳栓が商品として販売できる仕上がりになっていないことから，本件機械には契約の目的を達し得ない瑕疵がある』（東京地判昭和44年4月15日　判時566号66頁）とされたものや，『児童向け交通規則理解用具としての交通規則教本の印刷請負契約において，印刷された教本に，交通規則を児童に誤って理解させるおそれが多大な箇所が3箇所，漢字の知識に乏しく，振り仮名に頼りがちな児童に正確な把握を期待することが困難といえる程度の判読不能箇所が24箇所あるとして，解除を認めた』（東京地判昭和51年5月17日　判時840号79頁）ものがあります。

本条によって契約を解除しうる場合に，無催告で解除できるか，それとも催告を要するかは争いがあるところですが，修補が

可能な場合には，解除の通則（民法541条）に従って，催告を必要とすると考えられています（債権各論中巻二639頁，我妻栄，岩波書店）。

　なお，軽微な瑕疵があるに過ぎず本条の要件を満たさない場合においても，相当の期間を定めて修補請求したが請負人がこれに応じないときには「注文者が契約を解除できるか」については，2．(1)①で説明したとおり，認められないとする立場が通説的です。

③　解除の具体的効果

　ⅰ）解除の範囲

　　　リフォーム工事が可分の場合，たとえば，独立した2部屋の内装をそれぞれ別々の目的で改造する請負契約において，一部屋にだけ瑕疵があって契約の目的を達成できないような場合，解除できる範囲は瑕疵のない他の部屋にも及ぶのでしょうか。

　　　解除により契約から生じた法律効果は遡及的に消滅することから，当事者が負担する債権債務はともに消滅し，互いに原状回復義務を負うとするのが通説的ですが，土木や建築請負契約の場合，すでになされた工事の結果は，注文者に利益を残すものであり，また，注文者もその原状回復義務を負うよりは，一定の報酬を支払って工事の結果を受け入れるほうが利益にかなっているといえます。

　　　したがって，工事が可分であり，履行の終わった部分だけでも契約の目的を達することができる場合には，特段の事情のない限り，既施工部分の契約解除はできず，未施行部分についての解除ができるに過ぎないと解されています（最判昭和56年2月17日　判時996号61頁・判タ438号91頁）。

　ⅱ）解除した場合の損害賠償請求の可否

　　　注文者が解除した場合に損害賠償請求をできるか否かについ

ては，解除しても損害賠償を請求できると定める民法545条3項のような規定がなく条文上は明らかでありませんが，肯定すべきと解されます（債権各論中巻二639頁，我妻栄，岩波書店）。

ⅲ）解除により生じる注文者の義務

瑕疵を理由として契約を解除した場合，請負人は代金の返還義務を，注文者は自ら所有・占有するに至った物について返還義務を負い，これらは同時履行の関係に立つと解されています（民法545条類推）。

なお，この結果，注文者は，内装工事をされた部分を自ら解体して返却すべきことになりますが，そのために要する費用は，前述したとおり，損害賠償請求が可能です。

3．請負人が注文者に対して瑕疵担保責任を負う期間
(1) 期間

請負人の瑕疵担保責任期間については，原則として1年（民法637条），建物その他の土地の工作物については5年または10年（民法638条1項），建物その他の土地の工作物が瑕疵によって滅失または損傷したときは，その滅失または損傷した時から1年と定められています（民法638条2項）。

リフォーム工事という場合，通常は，建物建築ではなく，既存の建物に対する修繕や改造・改築です。したがって，原則として請負工事完成から1年となります（民法637条）。

大規模なリフォーム工事を請け負う場合，当該請負契約目的が，建物その他の土地の工作物であると評価される場合も考えられます。この点について，大審院判昭和10年10月1日（民集14巻1671頁）は，『屋根を葺き，荒壁をつけたものは，床および天井を備えていなくとも，建物として登記できる』と判断しています。これを

参考にすれば，たとえば，木造家屋の軸組だけ残して大改造するようなリフォーム工事は，いったん建物を解体し，新たに建物を構築するに等しいと評価する余地があります。ただし，この点が明確に争われた裁判例はありません。

(2) 期間の法的性質

この1年とか5年という期間は除斥期間と解されており，この期間内に注文者が瑕疵担保責任を何らかの形で求めれば，提訴しなくとも権利を保全でき（大判昭和10年11月9日　民集14巻1899頁），そのときから通常の消滅時効が完成するまで権利が存続する，と解されています。

通常の消滅時効が完成するまでの期間とは，民法や商法で定められた消滅時効期間を意味します。リフォーム事業者は，営利目的でリフォーム工事を業とする者であるとか会社形態を取っているとかの事情があることが通常でしょうから，そのようなリフォーム事業者と取引した注文者の損害賠償請求権の消滅時効期間は5年となります（商法502条5号，同法522条，大審院判明治41年1月21日　民録14輯13頁，大審院判大正4年2月8日　民録21輯75頁）。また，修補請求も同様です。解除権の場合は，解除の意思表示により発生する原状回復請求権が5年の消滅時効にかかることになります。

(3) 期間内に瑕疵担保責任を行使した場合の解除権との関係

売買契約における瑕疵担保責任が問題となった事案ですが，『瑕疵担保による損害賠償請求権を保存するには，右請求権の除斥期間内に，売主の瑕疵担保責任を問う意思を裁判外で明確に告げることをもって足り，裁判上の権利行使をするまでの必要はない』（最判平成4年10月20日判時1441号77頁）とされています。したがって，損害賠償を請求したいと考える注文者は，除斥期間内に明確に損害賠償請求をすればよく，裁判所に提訴までする必要はありません。

では，注文者が修補請求権か損害賠償請求権のいずれかを選択し

た場合，その選択した権利だけを行使しうることになるのでしょうか。

　注文者には，瑕疵修補に代えて損害賠償請求をすることも，瑕疵修補とともに損害賠償請求をすることも認められていることから，選択した権利だけを行使しうると考えることに合理性はないように思われるとの指摘もされています（福岡地判平成21年12月25日判時2102号93頁の解説（同95頁）参照）。この考え方に従えば，たとえば，修補請求した後に，損害賠償請求に変更して行使しうる結果となります。

　しかし，修補請求と損害賠償請求はそのような判断があるとしても，請求後の解除権行使については，別に問題となりえます。

　この点，前掲東京地判昭和44年4月15日（判時566号66頁）は，注文者が瑕疵を理由として民法637条1項の所定期間内（目的物の引渡しを受けたときから1年以内）に修補請求をし，請負業者もこれに応じることを了承したものの，いろいろな口実をもって修補しなかった事案において，同期間を経過した後になされた注文者からの解除を，信義則上相当な期間に限定して認めています。この判決については，通説的見解（1年の経過により解除権は消滅している）に基づいて解釈しているのではないかとの指摘があります。

　また，最判平成元年12月21日（判時1379号76頁）は，民法724条の20年の除斥期間について，除斥期間経過後の請求については，裁判所は除斥期間の経過により損害賠償請求権が消滅したと判断すべきであり，除斥期間の主張が信義則違反または権利濫用であるという主張は主張自体失当であるとしています。

　したがって，前掲の東京地判昭和44年4月15日のような判断が，今後下級審においてなされるかどうかは，疑問が残ります。

2 シックハウス

(1) 基本的な考え方

　従前シックハウス（化学物質過敏症）については，その測定方法や判定基準が必ずしも明確ではなく，個人の体質の違いも大きく影響することから，かつては法的責任が否定されるケースが多くありました。

　ところが，つぎの判例において新築マンションの売買契約の解除が認められたことからも，今後，法的責任を認める判例が出てくるものと思われます。

　本件判例は，測定時の数値を根拠として，引渡し時以降，数値が下がる特性に着目し，引渡しは極めて高い数値が測定されると推認し，販売業者が配布したパンフレットやチラシの内容も含めて，当時の行政レベルで推奨されていたホルムアルデヒド$0.1\mu g/m^3$を超えるものとして瑕疵認定し，契約解除を認めました。

　リフォーム契約の場合には，新築住宅（マンションを含む）の売買・請負と異なり，化学物質の数値を契約の際に適示することはケースとして少ないとは思われますが，今後一般的な基準として行政レベルにおいて推奨されている数値（ホルムアルデヒドについては$0.1\mu g/m^3$）が一般化する可能性も十分にあります。

　この点はそれぞれの化学物質によって扱いが同一ではないと思われますが，少なくともホルムアルデヒドについては，十分な対策を業者として怠るべきではありません。

(2) 事例研究（判例）

> ホルムアルデヒドが行政レベルが推奨する数値を超えていたことから，売主の瑕疵担保責任に基づく契約の解除を認めたもの
> 　（東京地判平成17年12月5日　判例時報1914号107頁）

① 事案の概要

　これは『売主Ｙは，新聞折込チラシで環境物質対策基準であるJAS（日本農林規格）のFc0基準とJIS（日本工業規格）のE0・E1基準を充足するフローリング材等の使用を宣伝し，パンフレットにても同様の宣伝を行い，本件マンションが環境物質対策基準に適合しているとの表示をしていたが，買主Ｘら２名は，引き渡された後１か月で退去せざるを得なかった。

　そこでＸら２名は，Ｙに対して，①消費者契約法４条１項に基づく契約の取消，錯誤無効または詐欺取消の主張，②売主の瑕疵担保責任に基づく契約解除および損害賠償請求，③債務不履行および不法行為に基づく損害賠償請求を行ったところ，Ｘら２名のＹに対する契約解除および損害賠償請求を認め，Ｙに対する約4,791万円の請求を認めた』事案です。

> **結論** 買主による契約解除と売買代金等についての損害賠償責任が認められました。

② 裁判所の判断

　裁判所は，つぎの鑑定結果について

『(i) 鑑定結果

　本件建物の室内空気におけるホルムアルデヒドの濃度は以下のとおりであるところ，鑑定人は「竣工直後の室内ホルムアルデヒドの濃度は相当程度高かったものと考えられる」と推論したうえで，「鑑定の１年前の引渡時においては90μg/㎥の２〜３倍あるいは１桁上がってもおかしくない証言している」と述べています。(※)

(単位：$\mu g/m^3$)

①	リビングダイニング 室内空気 換気 off，床暖房 off	120
②	リビングダイニング 室内空気 換気 on，床暖房 off	90
③	リビングダイニング 室内空気 換気 off，床暖房 on	160
④	リビングダイニング 室内空気 換気 on，床暖房 on	110
⑤	納戸 室内空気 換気 off，床暖房 off	120
⑥	リビングダイニング 壁体内空気 換気 off，床暖房 on	180

（数値は各場所における平均値）

(※) 化学物質は，その特性として引渡し時以降数値が下がる傾向がある。ただし，「瑕疵の存否」はあくまで引渡し時で判断されるので，実際に測定された数値よりも引渡し時は高い数値だったと判断される。

さらに

『(ⅱ)　原告らは引渡時においてもすでにシックハウスの症状を訴え，内覧会時にすでに頭痛や鼻水等の症状が出ていた。

(ⅲ)　これらの事情を考慮すれば，引渡時におけるホルムアルデヒドの濃度は100μg/㎥を相当程度超える水準にあったものと推認できる。

(ⅳ)　マンションのチラシや折込広告によれば，本件建物の備えるべき品質として環境物質対策基準に適合していること，すなわち，契約当時行政レベルで行われた各種取り組みにおいて推奨されていたというべき水準の室内濃度に抑制されたものであることが前提とされていたものと見るべきである。

(ⅴ)　本件契約において前提とされていたホルムアルデヒドの濃度の水準については，平成9年6月厚生省指針値が0.1mg/㎥であり，（財）住宅・建築省エネルギー機構の健康住宅研究会作成のガイドラインおよびユーザーズマニュアル，建築物における衛生的環境の確保に関する法律に定める建築物環境衛生管理基準も，ホルムアルデヒドにつき0.1mg/㎥と定められている（同法4条1項，同法施行令2条2号）。建築基準法の一部改正により平成15年7月にシックハウス症候群の対策のための規制が導入されたことを考慮すると，本件契約時においては，上記厚生省指針値の水準に抑制すべきものとすることが推奨されていた。

　　しかしながら，引渡時のホルムアルデヒドの濃度は100μg/㎥（0.1mg/㎥）を相当程度超える水準にあったものと推認されるから，瑕疵が存在するものと認められる。

(ⅵ)　そして，原告らはいったん搬入した家財道具をわずか約1か月で再度搬出し，その後居住していないのであるから，当該瑕疵により本件契約の目的を達することができないのは明らかで

ある。

　　よって，Yの瑕疵担保責任に基づき，Xは契約を解除し損害賠償請求することができる。

(vii)　Yがマンションの建築に使用した建材などがJAS及びJISの仕様に適合していたとしても，これらがホルムアルデヒドなどの化学物質を全く含有していないわけではないこと，そのような基準を満たした建材などを使用したからと言っても化学物質の濃度にはばらつきが生じることはあり，厚生省指針値を満足できないこともあること，結果として現在の本件建物内のホルムアルデヒドの濃度が厚生省指針値程度ないしこれを超過する水準にあること，1か月で家具を搬出していることから家財道具からの放散の影響は限定的なものであることを考慮すれば，ホルムアルデヒドの発生源は本件建物の建材などに求めるほかない。

　　以上から，売買代金他の損害賠償請求が認められる。

(viii)　Xは，Yにはマンション設計にあたりホルムアルデヒドの濃度につき厚生省指針値を超えることがないように設計すべき注意義務および，施工にあたり適切な部材を選定・変更すべき注意義務があると主張するが，売主としての義務は適切な建材を使用した建物を販売すべき義務に留まり，ホルムアルデヒドの具体的な発生源および発生機序を特定することができないことからすれば，注意義務違反を認めることはできない』と判断しています。

(3) 実務上の対応

　　すでにシックハウス対策に関しては建材メーカーが各種製品を出していますが，施工サイドにおいても，施主ならびに同居の家族の中に化学物質過敏症など，罹患のおそれがある方がいないかどうかを確認する必要はあります。

もし，居住者から化学物質過敏症に罹患された方が出た場合には，その原因は多種多様（住居ではなく家具の場合もあり，また個人差も大きい）ですから，専門的な調査をする必要があります。

> **コラム　シックハウス対策は万全に！**
>
> 　シックハウス症候群に関連する最初の判例は横浜地裁の平成10年2月25日の判決といわれています。これは賃貸借契約において借主が化学物質過敏症に罹患したことを根拠として大家さんに対して債務不履行に基づく損害賠償請求をしたものです。裁判所は借主が化学物質過敏症に罹患したこと、その原因が建物の建材から発生する化学物質にあることは否定しませんでしたが、その当時化学物質過敏症について周知性がなかったこと等を考慮して大家さんの対応を期待することはできないとして債務不履行責任を認めませんでした。
>
> 　化学物質過敏症に罹患するか否かは被害者の体質が大きく影響すること（同じ環境でも罹患する人としない人がある）、化学物質の濃度についての統一的な判定基準が存在しない（ガイドラインのみ）こと等から法的責任の判断のための基準が見出しにくく、明確に住宅の提供者の法的責任を認める判決が出ませんでした。
>
> 　その意味では平成17年12月15日東京地裁でマンションメーカーの責任を認める画期的な判決です。この判決はあくまで新築マンションの販売のケースですが、リフォーム工事に関しても示唆するものが大といえます。
>
> 　化学物質には色々な種類がありますが、少なくとも最も早く

169

問題となっていたホルムアルデヒドについては今回の東京地裁の判決からも明らかなとおり盤石の体制を整える必要があります。リフォーム工事に際しても、❶居住者の中に化学物質過敏症に罹患するおそれのある方はいないかどうか、❷部材として配慮の進んだものを使用しているかどうか、十分にチェックする必要があります。

■参考資料■

住宅リフォーム工事
標準契約書式
（小規模工事用）

- 住宅リフォーム工事標準契約書式について
- 書式Ⅰ　住宅リフォーム工事 請負契約書　　　（複写）
- 書式Ⅱ　住宅リフォーム工事 請負契約約款
- 書式Ⅲ　住宅リフォーム工事 打ち合わせシート　（複写）
- 書式Ⅳ　住宅リフォーム工事 御見積書　　　　（複写）
- 書式Ⅴ　住宅リフォーム工事 仕上げ表　　　　（複写）
- 書式Ⅵ　住宅リフォーム工事 工事内容変更合意書（複写）
- 書式Ⅶ　住宅リフォーム工事 工事完了・同確認書（複写）

一般社団法人 住宅リフォーム推進協議会

100801版

住宅リフォーム工事標準契約書式について
(小規模工事用)

一般社団法人 住宅リフォーム推進協議会

1 標準契約書式を作成した趣旨

　良質な住宅ストックを形成するため、消費者の多様な居住ニーズに対応した適切なリフォームによる住宅の質の維持・改善が重要になっています。また、高齢社会の到来を迎え、高齢者が安全に暮らせるようバリアフリー化のための住宅リフォームを推進する必要があります。
　しかしながら、現状のリフォーム工事、特に小規模なリフォーム工事においては、契約書を取り交わしていない、または曖昧な内容による契約や安易な変更等によるトラブルが多く発生しています。
　したがって、住宅リフォーム工事用の標準的な契約関係書式を作成し利用していただく事により、リフォーム工事内容、変更内容を明確化し、消費者、事業者とも安心してリフォーム工事が行える事を目ざしております。

2 本標準契約書式が想定している住宅リフォーム工事

　本標準書式は、書面による契約が結ばれていない場合が多い小規模な住宅リフォーム工事で、構造耐力上主要な部分(柱・梁・耐力壁等)に変更を加えない工事や部品やユニット交換工事等を主として想定しています。
　(注意)：本書式では、構造耐力上主要な部分に変更を加える場合や、大規模な住宅リフォーム工事は想定しておりません。金額的には500万円に満たない程度の工事を想定しています。

3 本標準契約書式の利用について

> 注) 書式Ⅰ～Ⅶ(書式Ⅱの請負契約約款を除く)は、2部ずつの複写になっています。冊子のまま重ねて記入すると、別の書式にも写りますので、ご注意ください。

　小規模な工事を想定しているため、できるだけ簡便な書式としています。ただし、注文者と請負者の誤解が生じないよう、「工事請負契約書」「御見積書」のほかに「打ち合わせシート」「工事内容変更合意書」「工事完了・同確認書」等を用意しております。なお、「打ち合わせシート」はトラブルを防止する観点から特に重要で、打ち合わせ毎(別添書式Ⅰ、Ⅳ、Ⅵの交付時)に必ず作成することとしています。
　なお、以下の(1)から(7)の書式類一式(書式Ⅰ～Ⅶ)は、次のような時必要な場合がありますので**大切に保管してください。**

　当該工事箇所に不具合が生じたとき。

　　　リフォーム工事後、当該工事箇所に万一、不具合が生じた場合、請負者に補修等を求める際に必要となります。

新たに、リフォーム工事をするとき。
　　　当該リフォーム工事部分に関連したリフォーム工事を行う場合、工事方法等を選択する際に必要となります。

住宅を第三者に譲渡するとき。
　　　当該住宅を第三者に譲渡する場合、適切な維持管理を行っていることの証しになります。

（1）書式Ⅰ　住宅リフォーム工事請負契約書
・リフォーム工事の請負契約を締結するため、注文者と請負者が取り交わす書式です。
・契約時には「打ち合わせシート」を添付することとしています。又、契約内容を明確にするため、必要に応じて、「御見積書」「仕上げ表」「カタログ」などを添付することとしています。また、注文者と請負業者間の取り決め事である「工事請負契約約款」を添付することとしています。

（2）書式Ⅱ　住宅リフォーム工事請負契約約款
・請負者は、リフォーム工事を請け負うとき、取り決め事項を記載したこの「工事請負契約約款」を、注文者に十分説明する必要があります。また、注文者は、この「工事請負契約約款」の内容を十分お読みください。
・工事請負契約約款の第1条に「注文者と請負者は、日本国の法を遵守し」と記載してあります。産廃法等のリフォーム工事に関連する法規にも十分配慮してください。
・瑕疵等についてのおおよその情報については、リフォーム支援ネット「リフォネット」に掲載しています。（「リフォネット」のホームページは、本書式の 5／5 ページに記載しています。）詳しくは、専門家にご相談ください。
・工事内容を変更したり一次中止する場合（工事請負契約約款第10条）、注文者と請負者はできる限り、変更内容、変更代金額、工期等についてよく打ち合わせのうえ「工事内容変更合意書」を作成するようにしてください。
・特定商取引に関する法律施行規則　第五条2により、クーリングオフの説明書きは「赤枠の中に赤字で記載しなければならない」こととなっています。ダウンロードにより使用する場合は、カラープリンタを使用して下さい。また、同規則　第五条3により、「日本工業規格 Z8305 に規定する8ポイント以上の大きさの文字及び数字を用いなければならない」となっています。本書式には10.5ポイントの文字を使用しています。

（3）書式Ⅲ　住宅リフォーム工事打ち合わせシート
・工事の内容について注文者と請負者の間で誤解が生じないよう、注文者と請負者の打ち合わせ内容等を記録します。打ち合わせ毎に必ず作成し、「御見積書」「工事請負契約書」「工事内容変更合意書」に添付することとしています。

（4）書式Ⅳ　住宅リフォーム工事御見積書
・請負者が、リフォーム工事の内容、金額を明らかにする書式です。リフォーム工事の打ち合わせ時には、打ち合わせた工事内容及び見積条件等を記載した「打ち合わせシート」を

作成し見積書に必ず添付します。また、必要に応じて仕上表を添付します。

（5）書式Ⅴ　住宅リフォーム工事仕上げ表
・「御見積書」に記載しきれない詳細な仕上げ内容について記載します。必要に応じて「工事請負契約書」や「御見積書」に添付します。

（6）書式Ⅵ　住宅リフォーム工事工事内容変更合意書
・工事内容等の変更を注文者、請負者双方が合意の上で行われたことを明確にするための書式です。その際「打ち合わせシート」を必ず添付することとしています。

（7）書式Ⅶ　住宅リフォーム工事工事完了・同確認書
・「工事完了・同確認書」は、工事完了について請負者が注文者に報告し、契約どおりに工事が行われたことを注文者が確認するための書式です。

4　本標準契約書式の記載要領等について
（1）書式Ⅰ　住宅リフォーム工事請負契約書
・工事請負契約書交付の際は、必要事項を記載し、署名または記名押印の上、印紙を貼り付け割印してください。
・工事内訳は、次のような記載方法があります。場合に応じて最も適切な記載方法を選択します。
　① 単価と数量（一般的な記載方法）
　② 部品代と技術料、又は材料費と工賃（部品やユニット交換及び、小規模修理工事の場合）
　③ 一式で表示（内容については別途見積書・仕上げ表・カタログ・打ち合わせシート等で示す必要があります）
・(独)住宅金融支援機構や金融機関等のローンを利用する場合、また、介護保険や自治体などの補助を受ける場合、「前払い・部分払い・竣工払い」以外の支払方法などについては、注文者と請負者が十分に協議した上で、《竣工払い欄の下の行》に記入してください。
・打ち合わせシートと工事請負契約約款は必ず添付します。必要に応じて、「御見積書」、「仕上げ表」、「カタログ」などを添付します。その際、添付する資料に○印を付けてください。

（2）書式Ⅲ　住宅リフォーム工事打ち合わせシート
・工事後見えなくなる部分は写真または図・スケッチにより記録を残すようにします。
・見積時・契約時‥‥打ち合わせ内容、現状及び工事計画、見積条件を記録します。
・変更時‥‥打ち合わせ内容、変更前計画及び工事変更計画を記録します。
・その他‥‥打ち合わせ内容、及び工事実施状況を記録します。
　　　　　　　　　マンション工事の場合、管理組合と打合せた事項についても必要に応じて記載してください。
　　　　　　　　　必要に応じて図面等を添付してください。

（3）書式Ⅳ　住宅リフォーム工事御見積書
- 金額内訳は次のような記載方法があります。場合に応じて最も適切な記載方法を選択します。
  ① 単価と数量（一般的な記載方法）
  ② 部品代と技術料、又は材料費と工賃（部品やユニット交換及び、小規模修理工事の場合）
  ③ 一式で表示（内容については別途見積書・仕上げ表・カタログ・打ち合わせシート等で示す必要があります）
- 工事請負契約書に「工事用の電気・水道・ガスについては、お客様宅のものを使用させていただく」旨が書いてありますが、その他に、駐車場の確保や、マンションの場合に管理組合の承認を注文者側でいただくこと、などについて注文者と請負者の協議により確認し、見積条件の中に記入して下さい。
- 打ち合わせシートは必ず添付します。見積条件等は打ち合わせシートに記入します。
- 請負者独自の見積の書式があり、それを利用する場合にも、打ち合わせシートは必ず添付し、見積条件等を記入します。
- 必要に応じて仕上表を添付します。

（4）書式Ⅴ　住宅リフォーム工事仕上げ表
- 工事部位、材料等を明確にするために必要に応じて「工事請負契約書」「御見積書」に添付します。また、その他添付する資料に○印を付けてください。
- 部位別に仕上げ内容を記載します。
  ① 外部仕上げ（屋根、外壁等部位別に記載）
  ② 内部仕上げ（室別及び部位別に記載）
  ③ 設備工事（給排水等工事別に記載）
  ④ その他（システムキッチン、洗面ユニット等）

（5）書式Ⅵ　住宅リフォーム工事工事内容変更合意書
- 「打ち合わせシート」を必ず添付してください。必要に応じて、「御見積書」、「仕上げ表」、「カタログ」などを添付します。添付する資料に○印を付けてください。
- 金額変更（減額・増額）を伴う工事、伴わない工事ともに、印紙の貼付が必要となります。
  ※ただし増額変更で1万円未満の場合は、非課税となります。
- 金額変更を伴わない変更については、打ち合わせシートによる対応でもかまいません。
- 変更後だけでなく変更前の仕様や金額も記入します。
- 解体・廃棄物処理費についても変更があれば工事内容変更に記入します。
- 対象となる変更箇所（工期の変更、工事内容変更、金額変更、その他）の□にチェックをして、内容を記入します。

（6）書式Ⅶ　住宅リフォーム工事工事完了・同確認書
・請負者は、本書式を２通作成し、注文者と現場確認後、注文者に工事確認印を頂く事で、工事完了となります。

5　その他
（1）独自の書式の利用
　　各事業者等が既に独自の書式を利用している場合、その利用を妨げるものではありません。また、御見積書や仕様書等については独自の書式を本書式に代えて利用してもよいこととしています。
　　しかしながら、トラブルの未然防止の観点から本書式では打合せ内容の書面への記録や工事変更内容の書面による合意等を行うこととした趣旨を踏まえ、事業者が用意されていない書式については、本書式の活用や本書式を参考とした書式の作成をご検討ください。

（2）書式の見直しについて
　　本書式は、小規模なリフォーム工事で今まで契約書を取り交わしていなかった事業者でも必ず書面による契約を交わすこと、打合せ内容も書面により記録を残しトラブルを未然に防ぐことを主眼に作成いたしました。
　　今後とも本書式を利用していただく方々のご意見を踏まえ、より住宅リフォーム工事の実情に沿った内容となるよう書式の見直しを適宜行うこといたします。

● 本書式は、下記のホームページに掲載しております。
・(一社)住宅リフォーム推進協議会　　　　URL：http://www.j-reform.com
・(財)住宅リフォーム・紛争処理支援センター　URL：http://www.chord.or.jp
・リフォネット（リフォーム支援ネット）　　URL：http://www.refonet.jp/
※『リフォネット』とは(財)住宅リフォーム・紛争処理支援センターがインターネットにより住宅リフォーム事業者情報を消費者に提供するシステムです。

　　注）ホームページに掲載している書式を利用する場合は、複写化できませんので、必要に応じてコピーするようお願いいたします。

100801版

書式1-1

平成　　年　　月　　日

住宅リフォーム工事
請負契約書

印紙貼付欄
1万円未満：非課税
1万円以上100万円以下：200円
100万円を超え200万円以下：400円
200万円を超え300万円以下：1,000円
300万円を超え500万円以下：2,000円

工事名称 _____

工事場所 _____

工期　平成　　年　　月　　日　より　平成　　年　　月　　日　まで

注文者名 _____　様　印　TEL

住所 _____　FAX

_____

請負者名 _____　　　　TEL

代表者 _____　印　FAX

住所 _____

担当者名 _____

1．請負金額

　　　　金　　　　　　　　　　　　　　　　円（税込）

2．工事内訳

工事項目	摘要（仕様）	（単価・数量・時間　等）	小計
1．			
2．			
3．			
4．			
5．解体・廃棄物処理費			

	工事価格　（税抜き）	
	取引に係る消費税等	
	合　計　（税込）	

■請負条件：工事用の電気・水道・ガスについては、お客様宅のものを使用させていただきます。また本工事は見えない部分等の状況により施工内容、並びに工事金額に予測できない変更が生じる場合がありますので、ご了承くださるようお願いいたします。

■添付書類：工事内容を補足するため次の書類を添付します。（打ち合わせシートと工事請負契約約款は必ず添付する。その他、添付する資料に〇印を付ける）

| ◎　住宅リフォーム工事打ち合わせシート　　◎　住宅リフォーム工事請負契約約款　　・　御見積書　　・　仕上げ表 |
| ・　カタログ　　（1．　　　　　　　　　　　）　（2．　　　　　　　　　　　） |
| ・　その他　　　（1．　　　　　　　　　　　）　（2．　　　　　　　　　　　） |

3．支払方法

　　　前払金（　　　　　　　　　　　）　金　　　　　　　　　　円（税込）

　　　部分払（　　　　　　　　　　　）　金　　　　　　　　　　円（税込）

　　　竣工払（工事完了確認後　　　　日以内）　金　　　　　　　　　　円（税込）

　　　　　　　　　　　　　　　　　　　　　　金　　　　　　　　　　円（税込）

▼この契約の証として本書を2通作成し、当事者が署名または記名押印の上、各自1通を保有する

※　この書類は大切に保管してください。

100801版

書式 I-2

平成　年　月　日

住宅リフォーム工事
請負契約書

印紙貼付欄
1万円未満：非課税
1万円以上100万円以下：200円
100万円を超え200万円以下：400円
200万円を超え300万円以下：1,000円
300万円を超え500万円以下：2,000円

工事名称 _____

工事場所 _____

工期　平成　年　月　日　より　平成　年　月　日　まで

注文者名 _____ 様　印　TEL
住所 _____ FAX

請負者名 _____ 　　　　TEL
代表者 _____ 印　FAX
住所 _____
担当者名 _____

1．請負金額

金　　　　　　　　　　　円（税込）

2．工事内訳

工事項目	摘要（仕様）	（単価・数量・時間 等）	小計
1.			
2.			
3.			
4.			
5.解体・廃棄物処理費			
		工事価格（税抜き）	
		取引に係る消費税等	
		合　計　（税込）	

■請負条件：工事用の電気・水道・ガスについては、お客様宅のものを使用させていただきます。また本工事は見えない部分等の状況により施工内容、並びに工事金額に予測できない変更が生じる場合がありますので、ご了承くださるようお願いいたします。

■添付書類：工事内容を補足するため次の書類を添付します。（打ち合わせシートと工事請負契約款は必ず添付する。その他、添付する資料に○印を付ける）

◎ 住宅リフォーム工事打ち合わせシート　　◎ 住宅リフォーム工事請負契約款　・御見積書　・仕上げ表
・カタログ　　（1．　　　　　　　）　（2．　　　　　　　）
・その他　　　（1．　　　　　　　）　（2．　　　　　　　）

3．支払方法
前払金（　　　　　　　　　　）金　　　　　　円（税込）
部分払（　　　　　　　　　　）金　　　　　　円（税込）
竣工払（工事完了確認後　　　日以内）金　　　　　　円（税込）
　　　　　　　　　　　　　　　　　　　金　　　　　　円（税込）

▼この契約の証として本書を2通作成し、当事者が署名または記名押印の上、各自1通を保有する
※　この書類は大切に保管してください。

100801版

書式Ⅱ

住宅リフォーム工事
請負契約約款

(総則)
第1条 注文者と請負者は、日本国の法を遵守し、互いに協力し、信義を守り、誠実にこの契約を履行する。
　2　この契約書および、添付の御見積書、仕上げ表、打ち合わせシート等にもとづいて、請負者は工事を完成し、注文者と請負者は契約の目的物を確認するものとし、注文者は、その請負代金の支払を完了する。

(打ち合わせどおりの工事が困難な場合)
第2条 施工にあたり、通常の事前調査では予測不可能な状況により、打ち合わせどおりの施工が不可能、もしくは不適切な場合は、注文者と請負者が協議して、実情に適するように内容を変更する。
　2　前項において、工期、請負代金を変更する必要があるときは、注文者と請負者が協議してこれを定める。

(一括下請負・一括委任の禁止)
第3条 あらかじめ注文者の書面による承諾を得た場合を除き、請負者は請負者の責任において、工事の全部または大部分を、一括して請負者の指定する者に委任または請負わせることができない。

(権利・義務などの譲渡の禁止)
第4条 注文者及び請負者は、相手方からの書面による承諾を得なければ、この契約から生ずる権利または義務を、第三者に譲渡することまたは継承させることはできない。
　2　注文者及び請負者は、相手方からの書面による承諾を得なければ、契約の目的物、検査済の工事材料(製造工場などにある製品を含む)・建築設備の機器を第三者に譲渡すること、もしくは貸与すること、または抵当権その他の担保の目的に供することはできない。

(完了確認・代金支払い)
第5条 工事を終了したときは、注文者と請負者は両者立会いのもと契約の目的物を確認し、注文者は請負契約書記載の期日までに請負代金の支払いを完了する。

(支給材料、貸与品)
第6条 注文者より支給材料または貸与品のある場合には、その受渡期日および受渡場所は注文者と請負者の協議の上決定する。
　2　請負者は、支給材料または貸与品の受領後すみやかに検収するものとし、不良品については注文者に対し交換を求めることができる。
　3　請負者は支給材料または貸与品を善良な管理者として使用または保管する。

(第三者への損害および第三者との紛議)
第7条 施工のため、第三者に損害を及ぼしたとき、または紛議を生じたときは、注文者と請負者が協力して処理解決にあたる。
　2　前項に要した費用は、請負者の責に帰する事由によって生じたものについては、請負者の負担とする。なお、注文者の責に帰すべき事由によって生じたものについては、注文者の負担とする。

(不可抗力による損害)
第8条 天災その他自然的または人為的な事象であって、注文者・請負者いずれにもその責を帰することのできない事由(以下「不可抗力」という)によって、工事済部分、工事仮設物、工事現場に搬入した工事材料・建築設備の機器(有償支給材料を含む)または工事用機器について損害が生じたときは、請負者は、事実発生後速やかにその状況を注文者に通知する。
　2　前項の損害について、注文者・請負者が協議して重大なものと認め、かつ、請負者が善良な管理者としての注意をしたと認められるものは、注文者がこれを負担する。
　3　火災保険・建設工事保険その他損害をてん補するものがあるときは、それらの額を前項の注文者の負担額から控除する。

(瑕疵がある場合の責任)
第9条 目的物に瑕疵がある場合、請負者は民法に定める責任を負う。

(工事の変更、一時中止、工期の変更)
第10条 注文者は、必要によって工事を追加、変更または一時中止することができる。
　2　前項により、請負者に損害を及ぼしたときは、請負者は注文者に対してその補償を求めることができる。
　3　請負者は、不可抗力その他正当な理由があるときは、注文者に対してその理由を明示して、工期の延長を求めることができる。延長日数は、注文者と請負者が協議して決める。

(遅延損害金)
第11条 請負者の責に帰する事由により、契約期間内に契約の工事が完了できないときは、注文者は遅滞日数1日につき、請負代金から工事済部分と搬入工事材料に対する請負代金相当額を控除した額に年14.6%の割合を乗じた額の違約金を請求することができる。
　2　注文者が請負代金の支払を完了しないときは、請負者は遅滞日数の1日につき、支払遅滞額に年14.6%の割合を乗じた額の違約金を請求することができる。

(紛争の解決)
第12条 この契約について、紛争が生じたときは、本物件の所在地の裁判所を第一審管轄裁判所とし、または裁判外の紛争処理機関によって、その解決を図るものとする。

(補則)
第13条 この契約書に定めのない事項については、必要に応じ注文者と請負者が誠意をもって協議して定める。

(特定商取引に関する法律の適用を受ける場合のクーリングオフについての説明書)

> ご契約いただきますリフォーム工事またはインテリア商品等販売が「特定商取引に関する法律」の適用を受ける場合(注)で、クーリングオフを行おうとする場合には、この説明書・工事請負契約約款を充分お読み下さい。
> (注)「特定商取引に関する法律」の適用を受ける場合：訪問販売、電話勧誘販売による取引
>
> Ⅰ　契約の解除(クーリングオフ)を行おうとする場合
> ①「特定商取引に関する法律」の適用を受ける場合(注)で、クーリングオフを行おうとする場合には、この書面を受領した日から起算して8日以内は、お客様(注文者)は文書をもって工事請負契約の解除(クーリングオフと呼びます)ができ、その効力は解除する旨の文書を発したときに生ずるものとします。ただし、次のような場合等にはクーリングオフの権利行使はできません。
> ア) お客様(注文者)がリフォーム工事建物等を営業用に利用する場合や、お客様(注文者)からのご請求によりご自宅でのお申し込みまたはご契約を行った場合等
> イ) 壁紙などの消耗品を使用(最小包装単位)又は、3,000円未満の現金取引
> ② 上記クーリングオフの行使を妨げるために請負者が不実のことを告げたことによりお客様(注文主)が誤認し、または威迫したことにより困惑してクーリングオフを行わなかった場合は、請負者から、クーリングオフ妨害の解消のための書面が交付され、その内容について説明を受けた日から8日を経過するまでは書面によりクーリングオフすることができます。
>
> Ⅱ　上記期間内に契約の解除(クーリングオフ)があった場合
> ① 請負者は契約の解除に伴う損害賠償または違約金支払を請求することはありません。
> ② 契約の解除があった場合に、既に商品の引渡しが行われているときは、その引取りに要する費用は請負者の負担とします。
> ③ 契約解除のお申し出の際に既に受領した金員がある場合は、すみやかにその全額を無利息にて返還いたします。
> ④ 役務の提供に伴い、土地又は建物その他の工作物の現状が変更された場合には、お客様(注文者)は無料で元の状態にもどすよう請求することができます。
> ⑤ すでに役務が提供されたときにおいても、請負者は、お客様(注文者)に提供した役務の対価、その他の金銭の支払いを請求することはありません。
>
> ＊　尚、通常必要とされる量を著しく超える商品などの契約を結んだ場合は、契約後一年間は契約の解除が可能になる場合があります。

書式Ⅲ-1-1

住宅リフォーム工事
打ち合わせシートⅠ

第　　回打ち合わせ

工事名称　　　　　　　　　　　　　　　　記入者

1. 打ち合わせ内容　　　　打ち合わせ日時　　年　　月　　日　　：　～　：

2. ・工事前現状（写真または図・スケッチ）
   ・変更前計画（図・スケッチ）＊工事内容変更時

3. ・工事計画（図・スケッチ）
   ・工事変更計画（図・スケッチ）＊工事内容変更時

▼打ち合わせシートの使用方法
見積時：請負者は、見積条件等の必要事項を記載し、御見積書に添付する
契約時：請負者は、受領印が押された打ち合わせシートを契約書に添付する
変更がある時は、その都度作成する

※　この書類は大切に保管してください。

注文者受領印・サイン

100801版

書式Ⅲ-1-2

住宅リフォーム工事
打ち合わせシートⅠ

第　　回打ち合わせ

工事名称　　　　　　　　　　　　　　　記入者

1. 打ち合わせ内容
打ち合わせ日時　　年　　月　　日　　：　～　：

2.
- 工事前現状（写真または図・スケッチ）
- 変更前計画（図・スケッチ）＊工事内容変更時

3.
- 工事計画（図・スケッチ）
- 工事変更計画（図・スケッチ）＊工事内容変更時

▼打ち合わせシートの使用方法
見積時：請負者は、見積条件等の必要事項を記載し、御見積書に添付する
契約時：請負者は、受領印が押された打ち合わせシートを契約書に添付する
変更がある時は、その都度作成する

※　この書類は大切に保管してください。

注文者受領
印・サイン

100801版

書式Ⅲ-2-1

住宅リフォーム工事
打ち合わせシートⅡ

| 第　　回打ち合わせ |

工事名称　　　　　　　　　　　　　　　記入者

1. 打ち合わせ内容・図・スケッチ　　打ち合わせ日時　　年　　月　　日　　：　　〜　　：

100801版

| 注文者受領 |
| 印・サイン |

書式Ⅲ-2-1

住宅リフォーム工事
打ち合わせシート Ⅱ

第　　回打ち合わせ

工事名称　　　　　　　　　　　　　　　記入者

1. 打ち合わせ内容・図・スケッチ　　打ち合わせ日時　　年　　月　　日　　：　　～　　：

注文者受領印・サイン

100801版

書式IV-1

作成日　平成　　年　　月　　日

住宅リフォーム工事
御 見 積 書

_____　様

請負者名	
代表者	印
住所	

＊設計料を必要とする場合は、工事項目に明記します

工事項目	摘要（仕様）	(単価・数量・時間 等)	金額
解体・廃棄物処理費			
		工事価格　（税抜き）	
		取引に係る消費税等	
		合　計　　（税込）	

■添付書類：見積内容を補足するため、打ち合わせシートは必ず添付します。

本見積書の有効期限は、平成　　年　　月　　日までとさせていただきます。

※　この書類は大切に保管してください。

100801版

		担当者 印・サイン

185

書式IV-2

作成日　平成　　年　　月　　日

住宅リフォーム工事
御 見 積 書

_____ 様

| 請負者名 |
| 代表者　　　　　　　　　　　印 |
| 住所 |

＊設計料を必要とする場合は、工事項目に明記します。

工事項目	摘要（仕様）	（単価・数量・時間　等）	金額
解体・廃棄物処理費			
		工事価格　（税抜き）	
		取引に係る消費税等	
		合　計　　（税込）	

■添付書類：見積内容を補足するため、打ち合わせシートは必ず添付します。

本見積書の有効期限は、平成　　年　　月　　日までとさせていただきます。

※　この書類は大切に保管してください。

100801版

		担当者
		印・サイン

186

書式V-1

作成日 平成　年　月　日

住宅リフォーム工事
仕 上 げ 表

工事名称 _____　　記入者 _____

	部位	仕上げ	部位	仕上げ
外部	屋根		軒天	
	外壁			
	開口部			

	屋名／部位		
内部	床		
	巾木		
	壁		
	天井		
	建具		
	部位・ユニット		
	その他		

	分類	仕様
設備	給排水	
	電気	
	ガス	

その他		

※ この書類は大切に保管してください。

100801版

書式Ⅵ-1

平成　年　月　日

住宅リフォーム工事
工事内容変更合意書

印紙貼付欄
減額・金額記載なし：200円
増額1万円未満：非課税
増額100万円超え200万円
以下：400円
増額200万円超え300万円
以下：1,000円
増額300万円超え500万円
以下：2,000円

工事名称 _____

工事場所 _____

工期　平成　年　月　日　より　平成　年　月　日　まで

注文者名 _____ 様　印　TEL

住所 _____ FAX

請負者名 _____ TEL

代表者 _____ 印　FAX

住所 _____

担当者名 _____

平成　年　月　日に締結した上記の工事内容について、下記のとおり内容変更することに合意します（以下の該当する変更内容の □ に ✓ をつける）

□ 工期変更
変更前： 平成　年　月　日　より　平成　年　月　日　まで
変更後： 平成　年　月　日　より　平成　年　月　日　まで

□ 工事内容変更

No.	変更箇所	変更前仕様	変更後仕様	(単価・数量・時間 等)	金額		
					変更前	増減額	変更後
1							
2							
3							
4							
				変更金額　（税抜き）			
				取引に係る消費税等			
				変更金額合計（税込）			

□ 請負金額変更
変更前：総額　金 _____ 円（税込）→ 変更後：総額　金 _____ 円（税込）

□ その他

■添付書類：工事変更内容を補足するため次の書類を添付します。（打ち合わせシートは必ず添付する。その他添付する資料には○印を付ける）

◎　住宅リフォーム工事打ち合わせシート　・　御見積書　　・　仕上げ表
・　カタログ　　（1.　　　　　　　　　）　（2.　　　　　　　　　　）
　　　　　　　　（3.　　　　　　　　　）　（4.　　　　　　　　　　）
・　その他　　　（1.　　　　　　　　　）　（2.　　　　　　　　　　）

※　この書類は大切に保管してください。

100801版

書式Ⅵ-1

平成　年　月　日

住宅リフォーム工事
工事内容変更合意書

印紙貼付欄
減額：金額記載なし／200円
増額1万円未満 非課税
増額1万円を超え100万円以下：200円
増額100万円を超え200万円以下：400円
増額200万円を超え300万円以下：1,000円
増額300万円を超え500万円以下：2,000円

工事名称 _____

工事場所 _____

工期　平成　年　月　日　より　平成　年　月　日　まで

注文者名 _____ 様　印　TEL

住所 _____ FAX

請負者名 _____　　　　TEL

代表者 _____ 印　FAX

住所 _____

担当者名 _____

平成　年　月　日に締結した上記の工事内容について、下記のとおり内容変更することに合意します（以下の該当する変更内容の □ に ✓ をつける）

☐ 工期変更
変更前：　平成　年　月　日　より　平成　年　月　日　まで
変更後：　平成　年　月　日　より　平成　年　月　日　まで

☐ 工事内容変更

No.	変更箇所	変更前仕様	変更後仕様	（単価・数量・時間　等）	金額 変更前	金額 増減額	金額 変更後
1							
2							
3							
4							
				変更金額　（税抜き）			
				取引に係る消費税等			
				変更金額合計（税込）			

☐ 請負金額変更
変更前：総額　金 _____ 円（税込）→　変更後：総額　金 _____ 円（税込）

☐ その他

■添付書類：工事変更内容を補足するため次の書類を添付します。（打ち合わせシートは必ず添付する。その他添付する資料には○印を付ける）

◎　住宅リフォーム工事打ち合わせシート　　・　御見積書　　・　仕上げ表
・　カタログ　　　（1.　　　　　　　　）　（2.　　　　　　　　　　　　）
　　　　　　　　　（3.　　　　　　　　）　（4.　　　　　　　　　　　　）
・　その他　　　　（1.　　　　　　　　）　（2.　　　　　　　　　　　　）

※　この書類は大切に保管してください。

100801版

書式VI-2

平成　年　月　日

住宅リフォーム工事
工事内容変更合意書

印紙貼付欄
減額・金額記載なし:200円
増額1万円未満:非課税
増額1万円超え100万円以下:200円
増額100万円超え200万円以下:400円
増額200万円超え300万円以下:1,000円
増額300万円超え500万円以下:2,000円

工事名称 _____

工事場所 _____

工期　平成　年　月　日　より　平成　年　月　日　まで

注文者名 _____ 様　印　TEL
住所 _____ FAX

請負者名 _____ 　　　TEL
代表者 _____ 印　FAX
住所 _____
担当者名 _____

平成　年　月　日に締結した上記の工事内容について、下記のとおり内容変更することに合意します（以下の該当する変更内容の□に✓をつける）

□　工期変更
変更前：平成　年　月　日　より　平成　年　月　日　まで
変更後：平成　年　月　日　より　平成　年　月　日　まで

□　工事内容変更

No.	変更箇所	変更前仕様	変更後仕様	(単価・数量・時間 等)	金額 変更前	金額 増減額	金額 変更後
1							
2							
3							
4							
				変更金額（税抜き）			
				取引に係る消費税等			
				変更金額合計（税込）			

□　請負金額変更
変更前：総額 金 _____ 円（税込） → 変更後：総額 金 _____ 円（税込）

□　その他

■添付書類：工事変更内容を補足するため次の書類を添付します。（打ち合わせシートは必ず添付する。その他添付する資料には○印を付ける）

◎　住宅リフォーム工事打ち合わせシート　　・御見積書　　・仕上げ表
・カタログ　　（1.　　　　　）　　（2.　　　　　　　　）
　　　　　　　（3.　　　　　）　　（4.　　　　　　　　）
・その他　　　（1.　　　　　）　　（2.　　　　　　　　）

※　この書類は大切に保管してください。

100801版

書式Ⅶ-1

平成　年　月　日

住宅リフォーム工事
工事完了・同確認書

工事名称
工事場所
工期　平成　年　月　日　より　平成　年　月　日　まで

注文者名　　　　　　　　　　　　　様　　印　TEL
住所　　　　　　　　　　　　　　　　　　　　FAX

請負者名　　　　　　　　　　　　　　　　　　TEL
代表者　　　　　　　　　　　　　　　　　印　FAX
住所
担当者名

1．工事内容

工事項目	摘要（仕様）
1．	
2．	
3．	
4．	
5．	
6．	
7．	

2．工事完了確認

平成　年　月　日

　上記の工事が完了したことを確認します。

注文者
印・サイン

▼　工事完了・同確認書の使用方法
　　・請負者は、工事が完了した場合、必要事項を記載し押印の上、「工事完了・同確認書」を作成し、注文者に渡す。
　　・注文者は、工事箇所を請負者と両者で確認した上で、必要事項を記入の上注文者印に押印または、サインして請負者に渡す。
　　　なお、「工事完了・同確認書」の一部は注文者が保管する。

※　この書類は大切に保管してください。

100801版

書式Ⅶ-2

平成　年　月　日

住宅リフォーム工事
工事完了・同確認書

工事名称　_____

工事場所　_____

工期　平成　年　月　日　より　平成　年　月　日　まで

注文者名　_____　様　印　TEL

住所　_____　FAX

請負者名　_____　TEL

代表者　_____　印　FAX

住所　_____

担当者名　_____

1．工事内容

工事項目	摘要（仕様）
1.	
2.	
3.	
4.	
5.	
6.	
7.	

2．工事完了確認

	注文者 印・サイン

平成　年　月　日

上記の工事が完了したことを確認します。

▼　工事完了・同確認書の使用方法
・請負者は、工事が完了した場合、必要事項を記載し押印の上、「工事完了・同確認書」を作成し、注文者に渡す。
・注文者は、工事箇所を請負者と両者で確認した上で、必要事項を記入の上注文者印に押印または、サインして請負者に渡す。
なお、「工事完了・同確認書」の一部は注文者が保管する。

※　この書類は大切に保管してください。

100801版

住宅リフォーム工事
標 準 契 約 書 式
（小規模工事用）

平成 13 年 10 月　制定
平成 14 年　6 月　改定
平成 15 年　6 月　改定
平成 18 年　4 月　改定
平成 21 年 12 月　改定
平成 22 年　8 月　改定

発行：一般社団法人住宅リフォーム推進協議会

〒102-0083　東京都千代田区麹町 4 - 3 - 4
宮ビル 5 階
TEL．03 － 3556 － 5430
EAX．03 － 3261 － 7730

URL　http://www.j-reform.com

一般社団法人住宅リフォーム推進協議会は、住宅リフォーム関連の団体と、全国の都道府県・政令市等で構成された、住宅リフォームの基幹となる全国組織です。

● 参考文献

第1章

1. 「新・マンション百科―建築家によるトータルメンテナンス」
   ㈳日本建築家協会【編】（鹿島出版会）
2. 「これからのマンションと法」
   丸山英気・折田泰宏【編】（日本評論社）
3. 「新版マンション標準管理規約の解説」
   民間住宅行政研究会編【著】
   国土交通省住宅局住宅総合整備課マンション管理対策室【監修】（大成出版社）
4. 「コンメンタールマンション区分所有法」
   稲本洋之助・鎌野邦樹【著】（日本評論社）
5. 「別冊法学セミナー基本法コンメンタール[第三版]マンション法」
   水元浩・遠藤浩・丸山英気【編】（日本評論社）
6. 「[新訂第2版] わかりやすい建築基準法」
   建築基準法令研究会【編著】（大成出版社）
7. 「新・マンション百科―建築家によるトータルメンテナンス」
   ㈳日本建築家協会【編著】（鹿島出版会）

第2章

1. 「特定商取引に関する法律の解説(平成21年度版)」
   消費者庁【編】（商事法務）
2. 「商取引法（第五版）」
   江頭憲治郎【著】（弘文堂）
3. 「改正特商法・割販法の解説」
   日本弁護士連合会消費者問題対策委員会【編】（民事法研究会）
4. 「特定商取引ハンドブック[第4版]」

齋藤雅弘・池本誠司・石戸谷豊【著】（日本評論社）

第4章

1. 「民法Ⅲ債権総論・担保物件」
   内田貴【著】（東京大学出版会）
2. 「逐条解説消費者契約法〔新版〕」
   内閣府国民生活局消費者企画課【編】（商事法務）
3. 「民間(旧四会)連合協定　工事請負契約約款の解説」
   民間(旧四会)連合協定工事請負契約約款委員会【編著】（大成出版社）
4. 「〔第2版〕コンメンタール消費者契約法」
   日本弁護士連合会消費者問題対策委員会【編】（商事法務）

第5章

1. 「民法Ⅱ債権各論」
   内田貴【著】（東京大学出版会）
2. 「民法Ⅲ債権総論・担保物件」
   内田貴【著】（東京大学出版会）
3. 「民法講義Ⅴ契約法〔第3版〕」
   近江幸司【著】（成文堂）
4. 「別冊法学セミナー基本法コンメンタール〔第四版〕債権総論」
   遠藤浩【編】（日本評論社）
5. 「新版注釈民法⑭債権(5)」
   柚木馨・高木多喜男【編】（有斐閣）
6. 「新版注釈民法⑯債権(7)」
   幾代通・広中俊雄【編】（有斐閣）
7. 「債権各論」
   末広嚴太郎【著】（有斐閣）
8. 「第2版　我妻・有泉コンメンタール民法総則・物権・債権」

我妻栄・有泉亨・清水誠・田山輝明【著】（日本評論社）
 9.「別冊 NBL126号債権法改正の基本方針」
    民法（債権法）改正検討委員会【編】（商事法務）
10.「債権各論　中巻二」
    我妻栄【著】（岩波書店）
11.「債権各論」
    末広嚴太郎【著】（有斐閣）
12.「基本法コンメンタール債権各論Ⅰ契約」
    遠藤浩【編】（日本評論社）
13.「民事交通事故訴訟・損害賠償額算定基準下巻（講演録編）
    2008（平成20年）「物損に関する慰謝料」」
    財団法人日弁連交通事故相談センター東京支部【編集・発行】
14.「商法総則・商行為法」
    上柳克郎・北沢正啓・鴻常夫・竹内昭夫【編】（有斐閣）

判例索引

【年月日】	【裁判所】	【出典】	【掲載頁】
明治41年1月21日	大審院判	民録14輯　13頁	162
大正4年2月8日	大審院判	民録21輯　75頁	162
昭和8年1月14日	大審院判	民集　71頁	149
昭和10年10月1日	大審院判	民集14巻　1671頁	161
昭和10年11月9日	大判	民集14巻　1899頁	162
昭和32年1月22日	最判	民集11巻　34頁	137
昭和36年7月7日	最判	民集15巻7号　1800頁	155
昭和36年12月20日	東京高判	判時295号　28頁	148
昭和39年10月29日	最判	民集18巻　1823頁	137
昭和41年4月14日	最判	民集20巻4号　649頁	149
昭和44年4月15日	東京地判	判時566号　66頁	159, 163
昭和45年9月24日	東京地判	判時606号　16頁	55
昭和47年5月29日	東京高判	判時668号　49頁	148
昭和47年5月30日	東京高判	判時667号　10頁	55
昭和50年4月10日	最判	判時779号　62頁	54
昭和51年5月17日	東京地判	判時840号　79頁	159
昭和52年2月28日	最判	金商520号　19頁	154
昭和54年2月2日	最判	判時924号　54頁	155
昭和54年3月20日	最判	判時927号　184頁	154
昭和54年3月20日	最判	判時927号　186頁	154
昭和56年2月17日	最判	判時996号　61頁，判タ438号　91頁	160
昭和56年9月8日	最判	判タ453号　70頁	149
昭和57年4月28日	東京地判	判時1057号　94頁	148
昭和58年1月20日	最判	判時1076号　56頁	152
昭和59年6月14日	仙台簡判	NBL582号　52頁	73
平成元年9月19日	最判		17
平成元年12月21日	最判	判時1379号　76頁	163
平成3年3月8日	東京地判	判時1402号　55頁	57
平成3年6月14日	東京地判	判時1413号　78頁	118
平成3年6月28日	大阪地判	判時1400号　95頁	156
平成3年9月26日	東京地判	判タ787号　226頁	107
平成3年12月26日	東京地判	判タ789号　179頁	56
平成4年3月19日	東京地判	判時1442号　126頁	156
平成4年10月20日	最判	判時1441号　77頁	162
平成4年12月4日	京都地判	判時1476号　142頁	116

平成4年12月8日	仙台高判	判時1468号　97頁	139, 154, 155, 157
平成5年4月26日	東京地判	判時1483号　74頁	109, 137, 154
平成5年8月30日	東京地判	判タ844号　252頁	77
平成6年9月2日	東京地判	判時1535号　9頁	74
平成6年12月16日	東京地判	判時1554号　69頁	113
平成7年3月16日	東京地判	判タ885号　203頁	156
平成7年8月31日	東京地判	判タ911号　214頁	75
平成8年1月22日	越谷簡判	消費者法ニュース27－39	72
平成9年2月14日	最判	判タ936号　196頁	131, 153
平成9年7月15日	最判	判タ952号　188頁	130
平成9年7月15日	最判		134
平成9年10月15日	東京地判	判タ982号　229頁	105
平成9年11月28日	福岡高判	判時1638号　95頁	153
平成10年3月20日	札幌地判	判タ1049号　258頁	100
平成11年4月9日	福岡高判		74
平成11年6月25日	東京地判	判時1717号　97頁	139, 154
平成11年10月20日	福岡地判	判時1709号　77頁	156
平成12年1月12日	横浜地判		111
平成12年3月21日	最判	判時1715号　20頁	49
平成12年10月11日	大阪高判	判タ1086号　226頁	106
平成13年6月27日	東京地判	判タ1095号　158頁	158
平成14年4月22日	東京地判	判タ1127号　161頁	148
平成14年9月18日	東京地判	判例集（未掲載）	102
平成15年7月30日	大阪高判	消費者法ニュース57－154	72
平成15年12月3日	福島地判会津若松支部		125
平成15年12月19日	仙台地判	消費者のための欠陥住宅判例[第3集]　368頁	151
平成16年2月2日	福島地判会津若松支部	判時1860号　157頁	123
平成16年6月3日	東京高判	金融・商事判例1195号　22頁	132
平成17年4月26日	東京地判	判タ1197号　185頁	148
平成17年12月5日	東京地判	判時1914号　107頁	164
平成17年12月5日	東京地判		169
平成18年2月20日	最判	判時1926号　155頁	121
平成19年6月20日	名古屋高判	消費者のための欠陥住宅判例[第5集]　106頁	158
平成19年9月21日	名古屋地判	判タ1273号　230頁	153
平成21年11月30日	最判	最高裁HP	63
平成21年12月25日	福岡地判	判時2102号　93頁	163

事項索引

【掲載頁】

【あ】	雨漏り	5, 67, 113, 114, 115
	請負代金債権	130
	雨水の浸入を防止する部分	93
	営業損害	137, 139, 143, 154, 157
	オプトイン規制	88
【か】	火災	15, 17, 18, 19, 22, 25, 26, 110, 111
	瑕疵担保責任	90, 91, 93, 116, 117, 119, 135, 139, 148, 149, 150, 155, 156, 157, 159, 161, 162, 164, 165, 168
	瑕疵の意味	148
	割賦販売法	79, 81, 82, 83, 89
	仮住居費用	138, 142, 143, 156
	過量販売	80, 82, 84, 85, 86
	勧誘受諾意思確認義務	62
	既存不適格建築物	13, 14
	北側斜線制限	30, 33
	規約共用部分	49, 50, 52, 53
	共用部分	47, 48, 49, 50, 51, 53, 54, 55, 56, 57, 58
	クーリング・オフ	67, 69, 70, 71, 72, 74, 75, 76, 77, 78, 80, 81, 82, 86, 89, 96, 97, 98
	軽微な建設工事	42, 43
	建設業	3, 41, 43, 45, 46, 117, 143
	建設業者	43, 117
	建設工事	41, 42, 43, 45, 141
	建築一式工事	41, 42, 77
	建築確認申請	9, 10
	建ぺい率	28, 30, 39
	工事の遅延	135, 137, 140, 144
	構造設計一級建築士	12
	構造耐力上主要な部分	93, 94
	個別クレジット(個別信用購入あっせん)	82, 89
	コンプライアンス(法令遵守)	3

【さ】	下請契約	44
	シックハウス	13, 36, 37, 39, 50, 164, 167, 168, 169
	集団規定	39
	修補請求	150, 151, 152, 153, 154, 155, 159, 160, 162, 163
	準不燃材料	19, 22, 26
	消費者団体訴訟制度	88
	住まいるダイヤル	94, 95, 96
	精神的損害（慰謝料）	157
	設備設計一級建築士	12
	専有部分	11, 47, 48, 49, 50, 51, 52, 53, 54, 55, 56
	増改築	11, 13, 37, 76, 112, 113, 114
	損害額の算定時期	154, 155
	損害賠償債権	130, 132
	損害賠償請求	76, 105, 107, 108, 116, 117, 130, 131, 132, 133, 135, 136, 139, 148, 151, 152, 153, 154, 155, 156, 158, 159, 160, 161, 162, 163, 165, 168, 169
	損害賠償の範囲	136, 157
【た】	大規模の修繕	6, 9, 10, 11, 12
	大規模の模様替	6, 8, 9, 10, 11, 12
	高さ制限	30, 31, 32, 33, 36
	単体規定	39
	注文者の誤った指示	116
	転居・仮住まい費用	156
	電話相談（住まいるダイヤル）	96
	道路斜線制限	30, 31
	特定商取引法による規制	62
【は】	廃棄物の不法投棄	121
	被害救済基金制度	89
	日影規制	30, 34, 36, 39
	防火構造	16, 17, 19, 24, 25, 27
	防火地域・準防火地域	16, 17
	法定共用部分	49, 53
	訪問販売	3, 62, 64, 66, 68, 69, 70, 72, 73, 75, 76, 79, 81, 84, 87, 89,

		97, 98
	訪問販売協会	86, 89
【ま】	マンション	11, 47, 48, 49, 50, 53, 54, 56, 57, 58, 59, 63, 64, 67, 105, 106, 114, 115, 116, 164, 165, 167, 168, 169
	民間（旧四会）連合協定の工事請負契約約款	139, 140, 141, 143, 144
	迷惑メール規制	88
【や】	容積率	28, 29, 30, 39
【ら】	リフォーム (reform)	5
	リフォーム瑕疵保険	46, 90, 91, 92, 93
	リフォーム工事の手続	54
	リフォーム詐欺	2, 95, 97,
	リフォームできる範囲	47, 51
	リフォームの定義	5, 6
	リフォーム見積相談（住まいるダイヤル）	95
	隣地斜線制限	30, 31, 32
	漏水	59, 109, 110, 114, 115, 139

■著者紹介

犬塚　浩（いぬづか　ひろし）
弁護士（第二東京弁護士会所属）
昭和36年7月22日　岡山県倉敷市生まれ
昭和61年3月　慶應義塾大学　法学部　法律学科卒業
平成2年11月　司法試験合格
平成5年4月　弁護士登録（第二東京弁護士会）
平成20年4月～平成21年3月
　　　　第二東京弁護士会住宅紛争審査会運営委員会委員長
【委員等】
平成22年度社会資本整備審議会住宅宅地分科会「民間賃貸住宅部会」臨時委員
同「既存住宅・リフォーム部会」臨時委員
財団法人住宅リフォーム・紛争処理支援センター「住宅紛争処理運営協議会幹事会」委員
財団法人ベターリビング評議員
日本弁護士連合会住宅紛争処理検討委員会委員
第二東京弁護士会住宅紛争審査会運営委員会委員
【主著】
「Ｑ＆Ａ住宅品質確保促進法解説」，（建設省（当時，現在国土交通省）住宅局住宅生産課監修　三省堂），「10年住宅保証100問100答」（編著　ぎょうせい），「住宅性能表示100問100答」（編著　ぎょうせい），「住宅紛争処理100問100答」（編著　ぎょうせい），「建築請負・住宅販売・不動産業における消費者契約法100問100答」（編著　ぎょうせい），「建築紛争処理手続の実務」（編著　青林書院），「Ｑ＆Ａ高齢者居住法」（編著　ぎょうせい），「Ｑ＆Ａマンション建替法」（ぎょうせい），「Ｑ＆Ａ中古住宅性能表示」（ぎょうせい），「住宅リフォームマニュアル事典」（編著　産業調査会），「建築瑕疵紛争処理損害賠償額算定事例集」（編著　ぎょうせい），「新・裁判実務大系27「住宅紛争訴訟法」」（編著　青林書院），「Ｑ＆Ａ　わかりやすい"賃貸住宅の原状回復ガイドライン"の解説と判断例」（大成出版社）

岩島　秀樹（いわしま　ひでき）
早稲田大学理工学部建築学科卒業
弁護士（東京弁護士会所属）、一級建築士
【委員等】
日本弁護士連合会　住宅紛争処理機関検討委員会　事務局
東京弁護士会　指定住宅紛争処理運営委員会　委員長（平成17年度～平成18年度）
国土交通省　悪質リフォーム対策検討委員（平成17年度）
東京都特別区　調停委員・建築審査会専門調査員
国土交通大学校　専門課程講師
【主著】
「平成15年度　秋季弁護士研修講座（シックハウス）」（商事法務），「平成20年度　秋季弁護士研修講座（2時間でわかる建築紛争処理の実務）」（商事法務），「災害時の法律実務ハンドブック（耐震強度偽装事件）」（共著　新日本法規），「証拠収集実務マニュアル（日照・通風・騒音訴訟）」（共著　ぎょうせい）　等

竹下　慎一（たけした　しんいち）
中央大学法学部法律学科卒業
弁護士（第二東京弁護士会所属）
【委員等】
日本弁護士連合会　住宅紛争処理機関検討委員会　事務局
第二東京弁護士会　住宅紛争審査会運営委員会　副委員長
一般社団法人　住宅瑕疵担保責任保険協会　委員
【主著】
「法律のひろば平成22年10月号　住宅瑕疵担保履行法の実務」（ぎょうせい）

住宅リフォーム・トラブルの法律知識
―いま業者として何をすべきか―

2011年6月30日　第1版第1刷発行

著　犬塚　浩
　　岩島　秀樹
　　竹下　慎一

発行者　松林　久行

発行所　株式会社大成出版社
東京都世田谷区羽根木1―7―11
〒156-0042　電話 03 (3321) 4131 (代)
http://www.taisei-shuppan.co.jp/

Ⓒ 2011　犬塚浩・岩島秀樹・竹下慎一　　印刷　信教印刷
　　　落丁・乱丁はおとりかえいたします。

ISBN978-4-8028-2988-8

大成出版社図書のご案内

- 司法関係者
- 行政担当者
- 宅建業者
- 不動産鑑定士

法律実務に携わる専門家待望の書！

不動産取引における
瑕疵担保責任と説明義務
－売主、賃貸人および仲介業者の責任－

著● 弁護士 渡辺 晋
　　弁護士 布施 明正

A5判・770頁
定価7,560円(本体7,200円)
図書コード2930・送料実費

本書の特徴

◆本書は、瑕疵担保責任と説明義務を中心に、不動産取引における売主、賃貸人、および仲介業者の責任について、詳細に論じた解説書である！

◆公表された裁判例を、最新のものまでを分析検討！

◆法律構成にそって先例を整理し、分析検討！
(自殺に関する問題、瑕疵担保責任、売主の説明義務、賃貸人の説明義務、仲介業者の説明義務、損害論)

◆事項毎に裁判例をリスト化した事項索引を搭載！

◆民法（債権法）改正の基本方針についても言及！

目　次（抄）

第1部　売買
　第1章　売主の義務の全体像
　第2章　瑕疵担保責任
　第3章　売主の説明義務
　第4章　売主のその他の義務
　第5章　錯誤・詐欺
　第6章　交渉破棄
第2部　賃貸借
　第1章　賃貸人の義務の全体像
　第2章　基本的義務
　第3章　賃貸人のその他の義務
　第4章　錯誤
　第5章　交渉破棄
第3部　仲介
　第1章　総論
　第2章　売買の仲介
　第3章　賃貸借の仲介
第4部　損害
　第1章　瑕疵担保責任
　第2章　売主の説明義務違反
　第3章　売主のその他の義務違反
　第4章　賃貸人の義務違反
　第5章　仲介業者の説明義務違反
　第6章　慰謝料
　第7章　過失相殺
　第8章　弁護士費用
第5部　諸制度
　第1章　国土利用計画法
　第2章　農地法
　第3章　消費者契約法
　第4章　住宅品質確保法
　第5章　住宅瑕疵担保履行法

株式会社 **大成出版社**

〒156-0042　東京都世田谷区羽根木1-7-11
TEL 03-3321-4131　FAX 03-3324-7640
ホームページ http://www.taisei-shuppan.co.jp/
※ホームページでもご注文いただけます。